luminosity

與菩薩對話
7願
願您的心，安
願您的人，好
願您的情，真
願您的善，永
願您的愛，在
願您，一生平安
暢銷作家
黃子容
著

願

黃子容

與菩薩對話系列書籍，已經出版到第七集了，這次書中的主題集中在「願力」的展現。

書中提到許多祈福的方法，以及發揮過去我們鼓勵大家為他人祈福的力量，相信祈福力量的集合，能夠給人們帶來許多改變，以及神奇的力量。

因此，我們希望大家能夠更頻繁、更妥善的為朋友或家人祈福，這樣的祈福力量，不僅可以造福自己，也可以幫助其他人。

這次的重點在願力的祈求、願力的集合。

祈福的力量非常強大，而且神奇，為他人祈福的同時，也增強自我反省、懺悔的願力。

《與菩薩對話》這系列的書籍，集合了許多人在座談會詢問菩薩的對話內容，讓大家更能夠瞭解到祈福力量的強大。

每次與菩薩對話，我們的收穫都非常的多，也能夠瞭解到今生來修行可能面對的人生課題，以及我們應該抱持著什麼樣的心態來走這趟人生修行路。

我想大家都會有一個疑問，為什麼人世間會這麼樣的苦？走這一條人生修行路為何這麼難？

每一個經歷都是一種考驗，考驗人性，考驗自我，考驗著人的堅持。

許多人經歷了人生種種的坎坷，遇到的困境、挫折不斷，有時候，會讓人懷疑人生！

擔心著目前的困境，到底能不能讓人繼續生存下去？懷疑活著的目的到底是為了什麼？

有的人擔心被打倒了，對生活失去目標，對人性感到失望，對自我失去信心，開始對人生產生了某些程度的質疑。

有的時候，甚至連菩薩教我們要堅持善良這件事情，都感到懷疑了起來，為

什麼善良的人，好像都一直有受不完的苦？

為什麼善良的人要擁有這麼多的磨難？

很想要知道，困難、挫折有沒有停止的一天？

被打擊的人，到底有沒有可以看見因果的一天？

或者自己所受的委屈，有一天是否可以得以平反？

很多人都會來問以上這樣的問題。

有人選擇欺騙了別人、傷害了別人，他做出這樣選擇的當下，這些都是自己的決定，他必須要為自己的選擇承擔後果，為自己的選擇付出代價。

有些人可能以為做了傷害別人的事情，現在也沒有看到任何的因果果報，感覺即便做了傷害別人的事情，也沒有遭受到什麼樣的懲罰，所以便覺得沒有什麼關係，因此也就變本加厲，做出更多傷害別人的事情。

選擇了惡，有時候是沒有覺知、反省的，導致一錯再錯。

在當下，他也許沒有什麼感覺，但是把時間拉長來看，很多因果果報，不是不報，真的是時候未到。現在不代表一切，不代表結果，只要做過的選擇，一定是要自己承擔的，因果會用各種不同方式呈現在未來。

我們每個人所做的選擇，未來都要自己承擔。

所以，不要輕易傷害別人。

在恭請菩薩的時候，很多人常常會跟菩薩說：我好苦。當人為什麼那麼苦？當人之所以很苦，是因為要學習、成長就必須經歷苦痛、苦難，你才會懂得檢視自己現在的生活，檢視自己個性上的缺失，甚至於對於生活的態度進行修正、改變，唯有真實的體驗過，才能做真正的改變。

人生就是一條修行路，你的善良可以引領你往好的方向前去，不好的念頭、為惡的念頭，會引領你走向不好的結果，這是必然的。

最常有人問：堅持善良的我，看得見結果嗎？到底要等到什麼時候？

堅持善良是為了自己，不一定是為了看見結果。

每個人都要為自己的選擇承擔後果。選擇善良，接受善良的果實；選擇惡，

就有自己應該承擔的。什麼時候會看見？我們就不用去執著了，上天自有安排，菩薩自有打算。

我們可以選擇的、可以控制的，是你堅持住了善良，有了善良的良知，對你自己此生因果，有非常大的幫助，無論你受到再大的委屈，你都知道要堅持善良，不要與惡人同行，因為你跟他們不一樣。

怎麼堅持善良？時時提醒自己，你跟他們不一樣。

這是一種覺察，一種覺知，一種靈魂傾向於善心的覺醒。

你的靈魂知道，唯有善良可以引領你回到菩薩身邊，走向回家的路。

你知道不善良，以及傷害別人，會造成自己必須承擔的因果，也許有些行惡的人還是很快活，也許做了壞事的人還依然逍遙法外，但是不要忘記，因果果報是不可能隱藏的，只要做過了，就是選擇自己來承擔。

防疫期間，大家都很辛苦的過日子，也都開始檢視自己的生活，菩薩也交代了新的「心功課」。

期許大家一起努力完成「新三好」：好想法、好態度、好積極。

「好想法」，遇到任何事情，擁有好的想法，學習轉念，堅持善良，堅持自我的信念，凡事不計較，心中若裝了滿滿的愛，就裝不進仇恨，學習快樂過生活，不在抱怨、憤恨中過日子，能夠有好想法，生命中就會充滿著希望與快樂。

「好態度」，保持良好的態度，好好的看待事物，不過度主觀，凡事學習檢討自己，努力求得更多的學習機會與成長，學習謙卑、不生氣、不抱怨、不嫌麻煩、不找麻煩。不挑起鬥爭、不霸凌他人（不用語言文字霸凌他人）、不隨意批評他人。

「好積極」，增強自我的行動力，讓自己變得更加積極，做事不拖延，今日事今日畢，任何事情都以最積極的態度及行動力去面對，不逃避困境，勇於承擔，樂於學習，對於未知的未來，充滿希望與樂觀。

擁有好的信念、好的想法、好的作為，積極地去布局新人生的態度，學習快樂過日子。

雨過天會晴，過去的事情，總會過去，一起努力做好新三好，讓你的人生開始變得很不一樣。

期待未來的每一個日子，都是讓人開心幸福的日子。

自序

祈福

往生祝福

目錄

祈福

祈福的力量

●有人問：「若干年前，有人因發生重大車禍而受重傷，生命非常危急，那時，很多人為他祈福、集氣，結果如奇蹟般地這個人轉危為安。為何大家一起祈福、集氣或禱告可以產生強大的力量？甚至產生如奇蹟般的結果，而這奇蹟是人類目前的科學或醫學所無法解釋的。」

祈福的力量是非常強大的，幫別人祈福其實是一件非常有功德的事，但有時我們會發現：為何同樣幫別人祈福，會有不同的結果？有的人會立即有顯著的效果，但有的人卻效果有限。為何會如此？

首先，祈福所產生的效果，除了跟本身（祈福者和被祈福者）的功德有關外，還有一個很重要的關鍵，就是在事件發生的當下，如果就馬上進行祈福，這股力量是強大的，因為在當事人受到衝擊、傷害的時候，立刻就有另外一股力量來幫助當事人化解這個困境，這個力量是很強大的，因此我們要把握黃金時期。

舉這個朋友為例，為何在這麼危急的情況下，在大家一起為他祈福後，讓他事後平安地恢復健康？

這是因為有夠多的人一起為他祈福，因而產生強大的力量，這是一個關鍵；另外一個關鍵是，在這些祈福者當中，有為數眾多、具有福氣的人為他祈福；當然，當事人自身的福氣也是很重要的。

所以，各位自己平常就要多積功德、多種福田、廣結善緣，當你需要幫助的時候，就會有很多人願意集合念力一起幫助你。

假設有位十惡不赦的人，祈求別人幫助他，此時，想要幫助他的人，可能有人會有所顧慮。

因這個人之前常做壞事，現在卻要為他祈福，有些人會覺得不甘心、不願意，可是也有些人會覺得沒關係，一樣願意幫他祈福，但畢竟不是每個人都充滿著大愛，所以力量可能就會稍嫌薄弱了一點。

因此，有時候這跟自己的福德有很大的關係，也跟是不是在黃金時期祈福有關係，不一定是絕對的，但都有某種程度的關係。

臉書有成立一個「一年愛班的祈福區」，目的是為了讓有需要祈福的人，張貼文字在這個專屬的祈福區中，為家人、朋友祈福。

很多人在「一年愛班的祈福區」裡寫下祈福需求的留言時會說：「老師，我的某位親友在七月初動了手術，至今都沒醒過來。」這是拖了一段時間才說，可能已經過了那個最佳的黃金時期，大家再幫他祈福的力量就有限了，可能只能維持現況了。

有時候，我們用強大的念力來為某一個人祈福，還不如祈求菩薩為他做最好的安排。如果你覺得已經過了那個黃金時期，然後你發現他已經在受苦了，倒不如用我們原本想幫他祈福的力量，轉化為最適合他的安排，不要強求，也不要強留他。所以，祈福也要有智慧，要能夠學習放手與祝福。

若在事情發生的當下，你便說：「就給菩薩去安排，他已經不行了，就讓他走吧！」家人在這個時候，也許是沒有辦法接受的，為什麼？因為太突然了，家人還不能接受，還沒做好心理準備，此時就突然把他帶走，會造成家人很大的衝擊。

所以無論如何，在剛開始的時候，就是不斷地幫他祈福，因為家屬需要一段適應期。

有些時候，家屬在經歷了一大段照顧生病者的時間後，他們會逐漸想開了，不想再看到生病者這樣受苦了，而選擇放棄急救，不要再插管。在給予家人一段時間做好心理準備後，此時，我們所做的任何祈求，都會是適合這個人的安排。

集合的力量絕對強大，如果你有時間，可以每天上「一年愛班愛的祈福區」去查看是否有需要被祈福的人，如果有，就為他祈福；如果今天沒有新的個案出現，就往前查找之前的貼文，看看是否還有人需要被關懷。

花一點時間為別人祈福，因為可能有一天我們也需要這股力量，也許不是生病，也許是在情關上難過，也許是在事業上遇到難關，我們都需要別人為我們祈

福。

有一部分的人正為感情奮鬥著，也許有人會認為這沒什麼，感情問題有什麼好當作難關的，過去的就算了，會再找到更好的，為何要想不開？會有這些質疑的人，是因為他已經歷過了，但對較年輕的人而言，他們在當下就是過不去，情關就是難關。

我們很多人都經歷過那個被對方感情牽絆的階段，在那個當下，愛情對某些人而言就是他們的全部，有的人失去愛，遇到了情關，真的很難過，他們會想不開，他們不知道未來還有沒有更好的人在等著他們。

但也有些人會想：「現在怎麼可以放掉這個如此差勁的人！等找到更好的人再說。」

這也是一種處理的方法，但對方實在太差勁的，就不建議繼續忍耐了，必須快刀斬亂麻。

當你有情關或其他難關難以突破時該怎麼辦？可以祈請菩薩幫忙，告訴菩薩說：「想要有被人疼愛的感覺，真的很想遇到一位願意愛護我、照顧我一輩子的人。」

當我們真的遇到情關難過的人該如何？學習不斷地安慰他，不斷地給他力量，一定要給他正向的勸導：下一個一定會是更好、更適合的人。

當事人也要不斷地跟觀世音菩薩祈求，請賜給自己一個真命天子或真命天女。有一天，那個人一定會出現！

所以，有情關難過的人，我們一樣可以為他祝福，希望他越來越好。不是只有生病時才需要祈福，有時只是一個念頭而讓自己現在過不去，可以多花一點時間讓他們念轉，因為他們還年輕，需要一點時間來消化難關。

●有人問：「當我們用最大的願力祈福，如果對方也因為祈福的能量確實狀況轉好，這樣的祈求算是強求嗎？對於被祈求的人是好或不好？我們該如何判斷這樣的祈求會不會令被祈求者受苦、反而幫了倒忙？」

如果能有好轉，那就是大家祈福的願力非常的強大；還有被祈福者本身的福德具足、因緣具足，所以才能夠接受到別人強大的祝福力量，才能有好的轉變。

而所有的安排，菩薩皆有其因果計算方式，每個人都不同，沒有標準答案。

●有人問：「朋友生了重病，他是受洗的教徒，他也收得到無量光的祝福嗎？對於不同宗教信仰者，甚至是無宗教信仰者，我們祈求諸佛菩薩為他們祈福有用嗎？又若這些人往生後，我們持誦佛號，佛菩薩會來接引祂們嗎？」

我們只需祈福，無須顧慮那麼多，只管真心的為他們祈福、為他們祈求，只要真心的做，也許被祈福者在當下也接受著祈福，認識了神佛菩薩，當下接受了所有的祝福，神佛菩薩也是會前來接引的。為他人祈福，只問自己當下的心境即可，只要你有那顆祝福祈願的心，我們就可以去做，不為什麼目的，就只是希望可以為對方帶來一點祝福。

●有人問：「我們是否可以把我們的福氣轉給家人、朋友？個人的福氣是可以移轉的嗎？他人是否可以收得到？我們的福氣是否可以減少他人的厄運？」

個人的福氣與福德，與每個人的業力有關。祝福可以給予，但個人的福氣無法轉移，福氣、福德都要靠自我的累積，所以才希望大家時時刻刻都要存好心、多做好事。

我們給予的祝福，無法減少他人的厄運與經歷，但能夠幫助他們在面對難關時，多些勇氣來度過難關。

因為福氣有時是累世累積而來的，有時是必要承擔的果報，給予祝福是給予能量，讓此人能多一些好的能量、產生好智慧，選擇更好的方式來幫助自己度過難關。

祈福無法讓他逃避因果，但可以幫助他多些勇氣、多些智慧來面對。被祈福者的態度十分重要，如果被祈福者一直都是抱怨別人，或者不知反省自我，不懂

謙卑學習，那麼，效果也一定是有限的。

接受祝福的人要學習感恩、深刻反省，才能翻轉成更多的好運。

可以幫他人承受因果業報嗎？

●有人問：「累世的冤親債主所造成的因果業力，可以幫其他人（例如直系尊親屬）承擔嗎？還是只能清理自身的因果業力？」

基本上是無法替別人清理的，只可能藉由懺悔或持經來清理自己的因果業力，即使是自己的父母親。

但有一種特殊情況也許有可能，菩薩他們會衡量，那就是孝感動天，但這種可能性很難判定，沒有一定的、明確的公式或答案，因為因果計算工程浩大，都是菩薩們在計算、執行的。

但有沒有機會？當然要先做了才有機會，而不是先想有沒有機會再去做。

如同我們幫有需要的人祈福，不是因為知道會成功才去祈福，但就是一直要不斷地祈福，不問結果，不論結果，就是真心誠意地想要去做祈福這件事情，沒

有目的。

有時候，我們在做某些事情，不是因為可以消除因果業障才去做，例如，我們辦法會時，有多少人是真心懺悔過去所犯的錯，而不是只為消業障才來報名參加？懺悔才是法會的真正目的，而且意義非凡。

如果只是執著於消除因果業障，但法會結束後依然故我，抱怨自己的生活並未改善，抱怨法會没效。那肯定是没效的。

不妨想想自己寫下的懺悔文，是寫給自己看的？還是寫給菩薩看的？

其實應該是從自己的「心」做一個引導，到底是不是出自於真心，一切都看自己。菩薩是很有智慧的，一個人真心與否，或是有目的性，又或是期待有一個目標與結果，我們才要做，這都是不對的。

就像有些同學會問：「我這樣做到底會不會成功？請菩薩告訴我時間。」

為什麼自己不先努力去做，而非要問菩薩這些時間點的問題呢？

再例如，有些問事場，常有人問：「要去面試的工作適不適合我？會不會錄取？能不能做一輩子？」

去面試後，就知道會不會錄取了。

這工作能不能做一輩子，誰可以給你保證？菩薩不會給你保證的，如果你都無法忍耐一個人一輩子，你怎可能在這份工作上做一輩子，沒有人可以保證這種事的。

所以，很多時候，命運的決定權是掌握在自己手中的，但我們太會推卸責任，也太會怪罪別人。

這樣的回答，有的人就會說：「菩薩都是這樣回答，那麼，我來求菩薩問事有什麼用？」

是的，沒錯！如果什麼事情都要交給菩薩來做決定，來問事是沒有用的，因為命運掌握在你手裡，你的個性、態度，才是你人生的關鍵。

問事的當下，菩薩給你的建議，是否聽得進去，是否願意改變，這當中所有的選擇都是由自己來決定的，菩薩只能指引，做的是人，執行的是自己，就看自己要用什麼樣的態度來看待人生。

很多事情是自己的選擇，會不會做一輩子，都看自我的堅持。

很多人來問事，不管是參加座談會或在 Line 上問事，常常把問題留給菩薩做決定，例如問：某個交往對象好或不好？這個工作好或不好？

你的人生問題，為什麼要由菩薩來幫你做決定？

每一個當下的你，本應為自己的人生做決定，為自己的人生負責。

我常常提醒大家一件事：「不要在成功的時候感謝菩薩，不要在失敗的時候責備菩薩或是質疑菩薩。」

當你失敗、遭遇難關或不順心、不如意的時候，或因唸經遇到挫折的時候，請不要懷疑是否真的有菩薩；又或做了很多功德，但還是受了很多苦，然後懷疑這世上真的有菩薩嗎？

任何的經歷，都是為了考驗你能否堅定自己的信念，能不能夠相信菩薩真的存在。不能因為讓你得到好處或成功了，你才相信菩薩；而是當你遭遇失敗及困難時，你都不曾質疑菩薩，仍然相信這是菩薩最好的安排，這樣的經歷一定有其安排的目的或使命。

我最不希望大家做的一件事情是，大家都說自己信菩薩，自己是佛教徒，自己是相信菩薩的，但卻連自己的家人都沒照顧好，如此一來，以上這些話不過是拿來替自己背書，證明自己是個好人，可是該做的事卻沒有做。

不是因為你說自己是信菩薩的，是位佛教徒，就可以掩飾你沒做好本分應做的事。最基本的是你應該把自己本分的事做好，才能自稱是信菩薩的。

而且不要因為遭受了挫折，就開始指責菩薩為何沒幫你？為何你如此努力還得不到改變？質疑拜了這麼久的菩薩，是真的有菩薩嗎？

有沒有菩薩，問問你的心，你的心裡有過菩薩嗎？如果有，為何要因為自己的經歷而質疑了菩薩？

不是拜了佛就會長生不老，不是拜了佛就應無災無難，而是即便有了災難、有了苦痛，一樣堅信菩薩是存在的，一樣相信菩薩自有安排。

無論如何，人生是自己的，生命是自己的，命運是掌握在自己手裡的，這一切，請從自己的生活當中去努力。

●有人問：「如何讓自己的家人、朋友更加認識觀世音菩薩，而不是只流於拜拜的形式而已？或如何讓他們有機會認識菩薩？」

不需要改變他們，每個人皆可以有自己的宗教信仰，要改變他們深信已久的信仰是很難的，就如同要改變你們對菩薩的信仰是一樣的。

就像很多家人、朋友一樣也會去安太歲、點光明燈，不要去強迫他們改變，他們覺得這樣做可以讓他們感到安心，那麼，就讓他們這樣做吧！

至於如何讓他們有機會認識菩薩？

除非你的人生變得很不一樣，讓對方覺得你最近改變很多，就有可能被問到是何原因？你就可以回答他們，你有接近菩薩，因此讓人覺得言行及為人處世與以往大不同了，如此，別人才會很想接觸你所認識的菩薩。所以，不要批評別人的宗教信仰，要學習尊重每個宗教。

如同數十年前，往生者多採土葬方式，之後，世人逐漸接受火葬方式並逐漸普及化，近年來，也開始接受樹葬或海葬等方式。

這些觀念的改變都需要時間，我們只能從自己及下一代開始改變起，任何的改變都要從自身開始，自己做好，就是最好的示範了。

想要讓別人也有佛緣，便先要讓自己好起來。

懺悔前世因果，改變今世果報

●有人問：「所有的眾生都為錢努力、辛勞奔波，但是財隨福至，甚至有因果業力的牽引。今生有沒有機會可以懺悔前世因果，而改善這一世所承受的果報？」

如果每個人當下謹言慎行，懂得懺悔今生今世所做，懺悔累世諸惡業，當然可以改變未來因果。

但是過去所犯的罪業，當算還是得算。

懂得承受，願意心甘情願承受，所受的罪業才能因為接受而變得不苦。

很多人苦，是因為不願意接受當下的狀況、經歷、過程、結果，一旦抱怨多了，苦痛就會更多，學習在逆境中成長、反省自我、不再犯，才不會再犯因果，現在就開始說好話、存好心、做好事，善因善果從此刻開始，開啟善因緣，未來的因果也就會轉好。

業力的牽引雖然很大，但也不是沒有改變的機會，這當中能否改變，沒有一定的公式可以計算，就看自己當下懺悔的心，以及自己當下的努力。能否消除業障，能否改變業力的牽引，都要看自己怎麼做。

●有人問：「生病找不到病因，如何知道是業障或被干擾？當被干擾時產生了困擾該怎麼辦？我們因為認識菩薩，才能讓我們有機會得以深深懺悔，由菩薩做主為我們清理業障，若不認識菩薩，該如何清理此身及過去累世所犯的罪業？」

生病時，鼓勵大家要尋求醫師專業的協助與治療，各科的檢查都做過了，真的找不到病因，這時候才開始尋求其他方式處理，例如：收驚、洗鹽米除穢包、打桃枝……。

如果生病的症狀依然存在，就要看自己是否在就醫的態度上有積極的去應對，如果真的都盡力了，再來考慮可能是業障干擾的因素或冤親債主的問題。

如果真的是冤親債主的問題，該如何？

唸經將功德迴向給祂，還有，可以告訴祂什麼時間有法會，請祂跟著你一起去參加，並請祂在此期間盡可能不要打擾你，希望你可以平安順利地帶祂一起去參加法會。

另一方面，你可以請菩薩做主，讓你緩解，讓你在法會之前的那段期間不要受到干擾，並在這段期間內一直做功德迴向給祂。如果症狀有緩解，就代表祂答應了；如果症狀一直沒有緩解，就代表冤親債主可能還沒答應要跟你去法會，但你還是要持續不斷地告訴祂並作懺悔，你雖然不知道祂是否會答應，但法會那一天，還是要請祂跟你去，在這段期間，你還是要不斷地做以上這些事迴向給他。

這就是象徵著我們在跟別人道歉之後，那個人還是不肯原諒，然後我們會惱羞成怒：「都已經道歉很多次了，不然還能怎樣?可以了吧！」

這種反應就不是一種真心道歉的態度，說了這些話，別人根本不會原諒你的，因為這種道歉只是在嘴巴上，最容易引起冤親債主的憤恨。

因為你曾經對不起祂，祂才會成為你的冤親債主，不管什麼大小事情，祂放不下對你的怨，所以到了這一世，祂才會苦苦地追尋著你，如果你又用前面那種態度來回應祂，我只能告訴你，祂可能就跟定你了，因為你沒有懺悔、你不能理解。

我們無法去追溯或證明前世到底因做了什麼而去惹到祂，祂之所以生氣一定有原因。就像我們人與人之間的相處，你可能因為神經大條而未能察覺到對方生氣的原因，甚至認為不關自己什麼事。

他生氣一定有其原因，因為生氣的人，他的感受一定是最直接的。

所以，別認為不關自己的事，甚至還脫口說：「又不關我的事，誰知他在氣什麼？他的個性就是這樣子啊！」這又將造成口業，因為你不道歉，還罵人家，還講對方個性不好，這樣更糟糕。

基於同樣的道理，冤親債主更不會放過你。

一般來說，如果我們有不明的罪業，不管是來自干擾或冤親債主，就是要不斷的道歉，不要再說：「我到底做錯了什麼？」而是要說：「我想我一定有讓祢生氣的地方，我一定有做出讓祢生氣難過的事；在那一世我來不及彌補，很抱歉！我會在這一世用盡所有的力氣，用盡我所有的福德，只為求得祢的原諒。我有罪，我有錯，對不起！造成祢這麼大的傷害，讓祢這樣跟了我幾世，沒去投胎，沒去享樂，都是我的錯，是我不應該。」

真誠地懺悔，才能讓你因果病消失，讓冤親債主放下。

否則，我們會一直不斷地在那種憤恨的循環當中，口出惡言或心生怨念，如此就會更慘。

真正的懺悔到底是什麼？不妨反過來想，如果有人惹我們生氣，我們要怎樣才會原諒他？何況冤親債主可能不是只有一世跟你產生衝突，可能在前面幾世便與你產生多次衝突，當祂追了你幾世直到現在，豈是能輕易的就可打發走？那麼，我們要如何感動祂們？讓祂們放下而能原諒我們？其實沒那麼容易。

在法會現場中，有的冤親債主真的很善良，可能因為一個糾結而跟著你到現在，但在法會中，祂看見佛菩薩，看見其他很多冤親債主跟著阿彌陀佛一起前去西方極樂世界，於是就跟著一起上去了；但有的冤親債主是堅持不上去的，甚至有些冤親債主是拿著道教的黑令旗去菩薩那兒告冤狀的，祂們得到黑令旗就不會輕易放過當事人的。不妨想像一下，如果你曾被人碎屍萬段，你要如何原諒加害者？你可能也會要對方一命償一命吧！

所以，我們沒辦法想像冤親債主到底什麼時候會放下、原諒我們，祂們如果願意跟著菩薩離開，是祂們慈悲，不是我們做的功德夠大，我們要很感謝祂們；但如果祂們不願意離開，也是理所當然，在這個人生當中，因而對我們產生折磨、磨難，我們都要非常謝謝祂們，讓我們此生還有機會可以償還，盡我們這輩子最大的力量，把自身的福德都給祂們。

我們累積了很多的福德，不是為了讓祂們放下跟著菩薩走，而是因為對不起祂們，所以我們要做很多的善事，一直不斷地迴向給祂們，不期待祂們會原諒我

們，這才是真的懺悔。

其實，不只是佛教，就連其他宗教也有懺悔這個觀念，但懺悔之後，神明就一定會原諒嗎？這沒有一定的答案，懺悔是對自己負責的方式。

例如，你們曾做錯事，今天並不是你從山下一路跪拜到觀音寺，沿途痛哭流涕，菩薩就一定會原諒你；也不會因為誰的身分較尊貴，菩薩就一定會原諒的。眾生是平等的，即使貴為高官顯要也是如此。

某些事的業障原本就不會被消除，不求菩薩消除罪業，只求菩薩能夠原諒；就算不原諒，也警惕自己不再犯，這才是應有的態度。

其他宗教所做的懺悔也差不多如此，但我們不能期待上天做主幫我們消除業障。

普陀山懺悔行、南山觀音寺的懺悔行程，只是一個偶然的機會，剛好有這樣的緣分、有這樣的機緣；還有，之前我在網路及大型座談會中不斷地宣導，為了二〇一九年八月舉行的法會所寫的懺悔文，那都是一個開端跟機會，讓我們逐一清掉我們所懺悔事項的因果業力，但不代表所有參加的同學都能消除掉自己的業障，那只是一個行為的開啓，也就是「你願意這麼做」。

假設你列了一百條曾經犯過的罪業，既然如此誠心地寫下來，在法會中，菩薩便會做主把輕微的罪業清理掉，可是，能否清掉情節較重的罪業，可就不一定了。即使你參加了十場法會，也不見得可以將你那一百條罪業全消掉，這是很難說的，没人敢保證。

懺悔是單純懺悔、發心懺悔，讓我們知道自己做錯了什麼，知道我們錯了，是為了增強我們懺悔的心，希望我們待人處事可以更加謙卑，但無法保證會幫我們消除、清掉因果業力。

就算你今天帶著你寫下的罪業清單，然後去觀音寺中，跪下稟報、懺悔、請求消除因果業力，要第一次擲筊就得到連續三個聖筊的機率其實是不高的，就算你很幸運地一次就得到三個聖筊，難道離開寺院後你就不會再犯新的罪業嗎？這需要多麼的小心謹慎，對於接下來的人生都要戰戰兢兢。

例如，你丟了垃圾，你就要思考有沒有丟錯，會不會讓人家不好整理？會不會造成人家的麻煩？也應該要開始思考，在人生當中，當自己在做開心、高興的事或要做某些事時，你能否替別人著想？是否會造成別人的不方便？是否會影響到眾生？我想，這是有學佛法跟沒有學佛法的人最大的差別。

如果可以的話，就盡量當一個暖心的人，多為別人著想，這是比較重要的。

●有人問：「自身懺悔（做日懺）、多唸《白衣大士神咒》、《延命十句觀音經》，是否就能讓罪業輕報？《七佛滅罪真言》是否也是其中一種？」

如果可以多做日懺，或多唸《白衣大士神咒》及《延命十句觀音經》，是可以讓罪業輕報的，但並無法明確得知到底可以輕報到什麼程度，這是無法量化的，是因人而異的。

有的人唸經就只是唸經，你唸經當下的心態如何？環境如何？你真的有理解經文的意義嗎？你真的有懺悔嗎？這些才是重點，不是只有嘴巴光唸而已。

就像我們在大熱天步行上南山觀音寺，以及下山時沿途持續唸「南無大悲觀世音菩薩」，如果你堅信觀世音菩薩，你應該覺得這並不痛苦，因為每一步你都知道這是菩薩給你的功課及引領，再怎麼苦也會撐下去。

至於《七佛滅罪真言》是否也是一種能讓罪業輕報的經文？是的。其實還有很多經文，例如《梁皇寶懺》或是《八十八佛洪名寶懺》，都是有幫助的，但最好先理解這些經文的意義會比較好。

就像我鼓勵大家多唸《觀世音菩薩普門品》，就是因為大家都能理解這部經文的意義，也因為你跟觀世音菩薩很接近，各位去唸是很適合的，是會跟菩薩相應的。

可是如果你對《楞嚴經》的理解是有困難的，去唸《楞嚴咒》便會更加艱澀。不需要去挑戰高難度的經文，也不要把唸經這件事當收集點數，若是如此就沒意義了。

你可以一輩子只持誦一句經文或佛號，只要你的心虔誠，誠心誠意用這句經

文或佛號為他人祈福，即便只是唸「南無阿彌陀佛」或「南無觀世音菩薩」，也就夠了。

無須罣礙自己是佛教徒卻連《大悲咒》也不會唸，連《觀世音菩薩普門品》在講什麼也不知道，你只需一心向佛就好。

所以，不要去跟別人比較集點經文這種事情。

有人很認真地去上佛學課程，那是人家有興趣，人家願意精進，這些事我們無法做到，要向人家看齊。他們願意跟我們分享，這是我們的福氣；如果我們沒有興趣，可以不用要求自己一定要做到那樣。

人家懂的，我們要尊重，未來若有機會，他們可以教我們，不懂的也可以請教他們，如果他們願意，這是我們很大的福分，讓我們有機會接觸到其他經文，也許能引起我們的興趣，都是很好的。

感恩別人跟我們分享善知識，感恩別人願意跟我們分享唸經的好處，心中都要感恩，他們都是我們的明師。

●有人問：「因自己感應過菩薩，所以知道唸佛號的好處，也曾鼓勵家人多唸佛號，但仍有個疑問：若是平日作惡多端的人，只因在往生前唸佛號，也會有菩薩來帶他嗎？往生後就能跟著菩薩走，而不會墮入地獄嗎？」

無論人在今生做了什麼，在往生之後還是需進行因果清算的。那麼，為什麼我們在生前無論做善事或做惡事，我們仍需要多唸佛號？這是因為希望我們在往生時可以由菩薩來帶走，帶走我們之後才有機會受到公平的對待，但因果清算仍然要進行。

菩薩帶走我們，並不是讓我們能像快速通關一樣去到西方極樂世界，而是讓我們快速到達一個地方做分流，進行因果清算；就算是再有福德之人，仍然還是要進行因果清算的。以下舉例，讓大家更能理解以上所說的情況。

假設今天有個善心善行之人往生了，往生前雖然沒唸佛號，往生後也不知道誰會來引領祂，也許剛開始時，要找到該去的地方會稍微多花一點時間，最後經過因果清算後，祂還是能去西方極樂世界，只是在過程中會稍微繞一下路；但如果同樣是那個人，往生前有唸佛號，在祂往生後就能受到菩薩的引領，快速地到達該去的地方接受因果清算，然後前往西方極樂世界。

相對地，若有一個作惡多端之人，祂在即將往生前想起要唸佛號，一樣能受到菩薩接引，快速前往因果清算之地，只是最後仍不免要墮入惡道；但如果那個作惡多端之人，往生前不唸佛號，在得不到菩薩接引的情況下，可能會在黑暗中穿梭很久才能到達因果清算之地，最後仍是墮入惡道。

絕對不可能有人殺人放火，然後稱唸「南無觀世音菩薩」就可以超脫了，這是不可能的；往生之後，觀世音菩薩一樣會出現在那個人面前，要祂去接受因果清算的。

菩薩的出現，只是告訴那些作惡多端的人，是真的有菩薩在。

假如他在臨死前，忽然間想到菩薩，忽然間發懺悔心：「我這輩子作惡多端……」，他在最後一刻，內心想到的是觀世音菩薩，這樣的一個念頭，讓他在往生時撐過那黑暗的十秒鐘，等待他的會是菩薩。

他見到的菩薩是真的菩薩，因為是那一秒鐘的心念，他真的看到菩薩了！

只不過菩薩會把他帶去另外一個地方，但他還是看到了菩薩，他一定還是要經過審判的，他這輩子所做的諸惡業還是要清算的，他還是要通過那十殿閻羅。

他只是跟著菩薩走，菩薩接走他也只是帶他去報到，然後告訴他：「你要好好修，才能……。」

所以，助念對亡者比較好的原因，是因為希望在我們往生時，看到菩薩之後，還有機會讓我們在十殿閻羅前，可以有一殿一殿懺悔的機會，這個就是慈悲，讓一個人犯了錯，有機會認錯，有機會看看自己做錯了什麼。

這世界上最無情的就是聽到有人說：「我不知道我錯了什麼！」

你說他錯，他總要看一看自己錯在哪裡，這樣才會真的改。

所以這世間，法是公平的。

祂在生前的那一、兩分鐘裡，祂想到菩薩了，祂看到菩薩後，祂會真的相信菩薩，在往生後，就算被清算了，祂心裡面也會知道自己真的要認錯，畢竟祂看到了菩薩！

以後投胎，祂會不太敢做壞事，除非又經過了人世間的學習。所以，因果清算一定有其公平處。

當然也有十惡不赦、不知悔改的人，也是有這樣的人。

就像大家到場參加法會，難道法會結束、離開這個現場後，自己就功德圓滿了嗎？其實，真正的考驗是在離開這個法會現場之後，離開之後自己是否還跟以前一樣？如果還是跟以前一樣，沒有改變，那麼法會就白來了。

在離開法會現場之後，做些不一樣的改變，例如愛發脾氣的人便要逐漸調整自己的個性，並克制自己的脾氣，這就是一種改變。

認識菩薩、唸佛號都是好事，因為親近佛法，而讓自己的人生有了圓滿的開始，唸佛、學佛是為了讓自己變得更好。

所以，認識佛菩薩並不會讓自己的人生因此得到某種捷徑，最重要的是瞭解自己做了什麼、想要做什麼，以及未來可以改變什麼？好讓自己成為更好的自己。

一個善良的人不為什麼，便可以好吃、好睡、好好的過日子，反觀一個作惡多端的人，成天只會想著要如何欺騙別人，要如何作惡或是逃避罪業？這樣的日子，日夜不能寐，吃不下、睡不著，成天擔憂害怕，這對他們來說，就是人間煉獄。

你想要過什麼樣的日子？你想要成為什麼樣的人？都是自己的選擇。

●有人問：「現代人常常有許多文明病，像是高血壓、糖尿病及痛風等。如果人自知有這方面的問題，卻不積極就診或改變飲食及生活習慣等，高血壓患者繼續高油、重鹹、酗酒，糖尿病患者任其體重持續上升……等，自知如此作為對病況毫無改善，卻仍消極面對，任病況發展，這樣的人如果有自殺念頭，想用疾病來自殺，算不算慢性自殺？在清算時會有什麼結果？在因果上有什麼影響？」

患有疾病而不願意就醫，只是消極看待生命，不是慢性自殺。

如果已知自己有疾病，明確的想用疾病來慢性自殺，所受的折磨是自己未來要承擔的。

不用等到因果清算，可能在當下或在未來的日子裡，自己就可能因病情加重，而受到更多的折磨。

人生所有的選擇都是自己的，自己也相對的要有所承擔。

往生祝福

如何為往生者助念

●有人問：「人在往生後，有些家屬並不知道要助念八小時，然後就將往生者送到冰庫裡面了。是不是可以在之後的時間補助念？」

我印給大家的《一年愛班幸福團助念手冊》中有提到，人的聽力在往生後二十四小時內都還在，所以不要在往生親人旁哭喊：「不要走，我會很想你。」我們應該要做的是祝福祂，告訴祂「我們會好好照顧自己的」，也就是說一些能夠讓亡者安心的話，不要讓祂擔憂；最忌諱的是在亡者面前吵架，例如說些財產分配的事。

一定要讓亡者安心，因為在往生後二十四小時內聽覺都還在。若可以為祂助念八小時，就為祂助念八小時。

萬一有家屬不知道，就將亡者送進冰庫了，事後才知道要助念八小時，也可以在家中或禮儀社所設立的靈堂牌位前為祂助念；若禮儀社不是二十四小時都開放，就在家裡為祂助念，然後將持誦的佛號都迴向給往生者，一樣是可以的。

如果你的家人或朋友需要助念，可以留言在「一年愛班的祈福區」，我們有小幫手可以幫忙聯絡，而且已有愛班同學成立助念團可以幫忙助念。

如果你有意願，也可以加入助念團。有的人會感到害怕，就無法參加助念團。所以在決定參加助念團之前，必須要確定自己不害怕，再來加入助念行列。

若你要加入助念行列，隨時都是可以的，只要看過助念手冊的內容後，你大概就知道如何幫往生者助念了。

如果我們急缺幫忙助念的同學時，可以將訊息貼在網路上，助念團就會請大家排班一起來幫忙。

若你隨時願意幫忙助念，只要你有心，一樣也可以在助念現場一直唱誦「南無阿彌陀佛」。

●有人問：「對於獨居的往生者，在無法得知確切往生時間的情況下，該如何進行助念八小時？」

當你到現場才得知獨居者已往生，不管法醫相驗後判定往生的時間點為何，從你知道的時間開始起算，為祂助念八小時，因為祂聽到你的聲音後，會開啓祂的覺知。

假設已超過往生後二十四小時的聽覺黃金時期，祂的靈魂可能還是會守在肉體旁邊，直到祂的家人趕到。

我們曾聽說過這樣的案例，就是有人往生一週了，靈魂仍在家裡附近徘徊，然後透過有靈異體質的人，設法讓祂的家人知道，祂會自己想辦法找到有靈異體質的人，而且菩薩也會讓具有這樣體質的人經過往生者附近，也許這都是上天的一種安排。

●有人問：「如果太遠或不方便去助念時，是否可以在家或心中唸南無阿彌

陀佛迴向給往生者？」

首先要先瞭解助念的意思，就是我們會在大體身邊一直不斷地唸誦南無阿彌陀佛，這樣的形式叫做助念。

如果我們沒有辦法到往生者的身邊助念，我們一樣可以唸南無阿彌陀佛給予往生者功德，在亡者往生百日內，功德都非常大，都有非常大的幫助，你所唸的每一遍南無阿彌陀佛、六字真言……，都對這個往生者非常的好。

平常唸佛不一定要唸出聲音來，也可以在心裡唸，誠心即可。

如何為器官捐贈者助念

●**有人問：「如何為器官捐贈者助念？如何為捐贈大體做研究者助念？」**

我們大部分是在往生之後助念八小時，所以，當祂在做器捐時，就可以做唸佛八小時的動作了。

器官捐贈者的程序，一般來說，在宣布死亡的時候，祂就馬上被推進手術室，開始做器官摘除的動作，這都不要擔心，等整個程序都完成了之後，我們再圍著遺體助念，不用太罣礙時間點的問題。

祂在做器官摘除的時候，由於大體不在家屬身邊，因此，不一定非得要圍繞在往生者的旁邊不可，只要有幫祂唸佛，讓祂能夠聽聞佛號；等祂器捐完之後，再圍繞在祂身邊幫祂助念，也是可以的，這部分就不需要太過於罣礙了。

器官捐贈後，會進行縫合，然後送出來，視同祂剛剛往生，一樣為祂助念八小時；若是捐贈大體做研究者，可以在家中幫祂遙助，不過最後還是要依照捐贈後大體的情況作為準則，有的醫院是有院方規定的。

因為器官捐贈的情況較多，無法針對哪一種情況去細說，但不管祂是不是在我們身邊，一旦醫師做出腦死的判定後，祂可能就立刻被送去進行器官捐贈的程序，親友一旦得知以上訊息後，就可以開始為祂助念了。

在家中也好，在靈堂也好，都可以助念。

●有人問：「若我們想做器官捐贈，我們現在開始要持有怎樣的心念，才能讓肉體不會感到痛苦？因為擔心真正在執行器官捐贈的手術時，靈魂可能還留在肉體中未離開，害怕仍有痛覺而產生恐懼，並後悔自己的初衷及當初發願器捐的善心善念，如此，是否會因此而墮入地獄？」

如果是真心想做器官捐贈的人，是不會有惡心惡念或產生不好念頭的，在做器官捐贈時只會想到：「盡快取走吧！」因為是為了幫助更多的人，這才是真正的心念。

有些人會擔心在往生之後仍有痛覺存在。

其實，人在往生之後，就算器官捐贈時，將往生者的肉體做切除的手術，那時，人是不會有痛覺的。

器官捐贈者是在做一件很棒的佛事，可以說是很大的善事，這樣的善，怎會被恐懼所淹沒！

如果擔心會出現恐懼的心態，那就是自己的問題，沒人能幫忙消除這些恐懼或其他不好的心念，如此，當初便不應該簽器官捐贈的文件。

當生前決定器官捐贈並簽了同意書，往生後，器官捐贈是不會有痛苦的。

但若後悔了，也要為這個決定負責任。

如果各位已簽了器官捐贈同意書了，請記得並放心，真正器官捐贈時，那時的我們是開心、快樂的，因為我們的器官還可以用在有需要的人身上。

如何為往生者點金剛砂

●有人問：「人在往生後，金剛砂若未在往生後八小時內點在往生者身上，是不是可以在之後的時間補點？又點在眉心、喉頭、胸口這三處代表什麼意思？網路上有說要點肚臍、膝蓋關節？」

有關在往生者身上點金剛砂的問題，首先要注意的是往生被不要蓋到往生者的頭部，蓋到脖子即可，當然，有些殯葬業者或者家屬會選擇蓋住頭部，這沒有一定的規定。

而在為往生者蓋上往生被之前，最好就為祂點上金剛砂。

因為金剛砂無法直接附著在往生者身上，所以，在點金剛砂之前，在祂的身上要先點上凡士林，以便讓金剛砂附著。

要點金剛砂的位置有三處：額頭的眉心之間、喉頭，以及胸前。

助念前若沒有金剛砂也沒關係，往生者在火化前都會先淨身更衣，為祂淨身完畢之後，可以在祂的眉心、喉頭及胸前先點上凡士林，再點上金剛砂，這些動作是可以在助念後再補做的。

假設沒有金剛砂或沒聽過這樣的事，沒關係的，不要罣礙，就隨緣。很多地方都可以拿到金剛砂，上網就可以查到，有很多的寺廟及佛寺都有提供免費的金剛砂跟大家結緣。

至於金剛砂點在眉心、喉頭、胸口這三處的作用：點在眉心，是為了當靈魂出去之後，可鎖住肉體，不讓任何靈魂再進來；點在喉頭，是為消除我們此生所犯的罪業；點在胸口，是為了打開我們的心，然後歡喜的接受與放下。

網路上所說的關節跟其他部位也需要點，其實就是為了鎮住我們此生所有的肉體，放下了，不要再罣礙了。

所以，沒點到也不要有罣礙，也不會怎麼樣；這時候靈魂已經出去了，有沒有點到，不會有太大的差別。

若是福德具足的人，就算沒點金剛砂也是沒關係的，不必擔心。
不要去在意有沒有金剛砂這件事情，就隨緣吧！

如何為往生動物助念

●有人問：「遇到動物往生時，該如何處理？能為牠們做些什麼？」

如果是自己家中的寵物過世，一樣可以在遺體旁邊放唸佛機，一樣可以為祂助念八小時。

如果是在戶外遇到貓狗往生的話，有些人會請寵物專門清潔隊來處理，先掃一下晶片，看看毛小孩們是否有植入晶片，看看是否可以連絡到家屬，若沒有植入晶片，再把祂送到該去的地方，如果更有心的話，可以打電話給寵物禮儀社，請他們來處理。

如果是鳥類或其他小動物，趕時間的話，可以幫祂移至路邊，唸一聲「南無阿彌陀佛」就可以離開了，後續也許會有其他人會幫忙做處理，就看祂們的因果造化；若不趕時間的話，可以在附近找個地方掩埋，然後唸一聲「南無阿彌陀佛」

就可以離開了。

以上處理方式，就是為了不要再讓祂們的遺體被車子輾過或受到傷害，這也是一種緣分了。

●有人問：「動物往生時，是不是有合適牠們的經文？」

如同人一樣，可以持誦南無阿彌陀佛聖號，將動物視為跟我們是平等的，因為都是生命。

●有人問：「我曾在一部經文中看到，若稱唸某尊菩薩的聖號，動物們將脫離三惡道。可否請菩薩說明？」

恭請任何菩薩護持都可以。

但主人稱唸之後不一定就會有效，最主要是在動物往生後，我們如何引領牠們跟隨我們一起唸佛？如何可以免於墮入六道中的畜牲道？這需要靠主人的努

力！

那麼，主人該如何努力？就是常常跟牠講話，常常在牠面前恭請菩薩，常常讓牠聽經聞法。其實，牠們聽得懂。

例如，主人們常對著寵物說：「吃飯、坐下、握手……。」牠們聽得懂人話嗎？牠們聽得懂。

所以，我們對著牠們說話、唸誦經文，牠們統統都知道。

其實，動物的習性及特質比人類還敏感，牠們可以感受到我們的喜怒哀樂；我們在動物旁邊未必能感受到牠們的喜怒哀樂，但牠們卻是可以感受到我們的喜怒哀樂，牠們天生有比人類敏銳的第六感。

但牠們的痛苦在於可以感應到，卻無法用人類的話語來說，這就是牠們此生來學習的重點；牠們可以知道主人怎麼了，並用自己的方式去安慰主人，卻說不出來，所以也許可以看到牠們是很急的，那就是牠們的一種學習。

有人說：「有一段期間，我發現我自己的狀況很不好時，我的毛小孩就會生大病，然後我就會專注於牠。」

對！牠會用牠的方式轉移主人的注意力。

以上所提的問題確實蠻重要的，現在的人很多是把毛小孩當成自己的孩子一樣，如何時常讓牠們開啓自己的智慧？就是不斷地持誦經文給牠們聽。

例如，當我們要持誦經文時，就可以對著毛小孩說：「來！我們一起來聽菩薩的經文，或我們一起來聽經聞法。」久而久之，就會發現牠會在旁邊聽，即使牠在趴著睡覺，牠也在聽；更久之後，甚至會發現牠會流眼淚。

如果牠轉頭離開，也没關係，表示牠的緣分還没到。

一開始要如何訓練毛小孩呢？

就是要常跟牠們講話，講久了，牠們就與我們的心靈相應，逐漸地牠們就會聽懂我們的話了，然後牠們會跟我們俱增佛緣，越來越好教；當我們越來越可以跟牠們說心事時，牠們也會越來越懂；就像我們跟狗狗說話時，有時比跟人聊天更輕鬆自在，因為牠們不會反駁。

●有人問：「如何看待寵物安樂死的問題？」

現代社會，很多人的家中會養寵物，在遇到寵物即將臨終時，都會面臨這樣的抉擇。請大家記住一個原則：不要讓寵物受苦。

如果是可以治療而得以幫牠延續生命的話，我們當然要幫牠繼續治療。

但如果繼續治療是無效的，病況一直反反覆覆，只是讓牠繼續受苦、折磨，當下是否做出安樂死的決定就看主人了，寵物的主人做出這個決定，是為了讓牠解脫。

我們看到寵物受病痛折磨時，都會感到不捨，因為牠們不會表達自己的感受，幫牠做出這個決定，是為了幫助牠解脫，不要罣礙。

但要記得，在幫牠解脫的當下，也要幫牠助念。

也許無法為牠助念八小時，因此可以放唸佛機在旁邊，但一定要跟祂說：「好好的跟著菩薩去，不要亂跑，乖乖的待著。」

大部分的人都會糾結在有沒有罪惡感的問題，所以，判斷牠有沒有受苦就是一個關鍵了。

之前，我從來沒有想過要幫我的毛小孩進行安樂死，我也捨不得，我總覺得：只要能夠多延續一些生命，不管要付出任何的代價，我都願意。

一直到我發現，我留下牠，開始讓牠身體有一些疼痛，例如後來因為牠的肺積水傷到了腦，所以牠會持續的放電，因此牠會有癲癇的狀況，會一直不斷地抽搐，這時我才嚇到了，覺得我強留牠其實是害了牠。

有的時候，你的不捨會在當你看見牠受到很多苦痛之後，因不想再讓牠受苦，便會做出該要做的決定。

現在，也許時間還沒到，你還沒有準備好，所以你不會想要做出那樣的決定。

你可以恭請菩薩做最好的安排，但我們還是希望可以讓牠在不要受苦的情況下，能夠好好的走、圓滿的走。

安樂死這件事，你是毛小孩的主人，你來做決定。

不要牠受苦，你就必須要做決定。

你不決定，牠就會受苦，一直要到你不忍心看著牠受苦時才放手。

為什麼要等到牠受苦了，我們才願意放手？

只要對牠是好的，就是最好的決定。

不知道什麼樣的決定是好的？就讓主人來決定，因為這樣的決定，沒有對錯，都看主人如何做決定，因為主人絕對是最愛牠們的。

如何幫助有尋短念頭的人

●有人問：「今生沒完成的課題，來生必須再重來一次，但是，輪迴後的肉體已沒有前世的記憶，若是個性、脾氣、想法都還跟前世一樣，那麼，一樣的課題再出現，豈不是又一再地重複前生的錯嗎？感覺上是永無止盡的重蹈覆轍？當內心起了輕生的念頭時，要轉念是很困難的，因為對一直有自殺念頭的人而言，活下來才是需要勇氣的，他們既不能死，又必須痛苦的活著，很苦。對於常常會有莫名尋短念頭的人，要如何幫助自己？」

所以才要告訴大家改個性、改脾氣、改變想法，才有機會改變自己的人生。

當一個人願意意識到自己的模式是一直重複同樣的事情與結果時，若願意檢視自己、反省自己，給自己改變的機會，或者強迫自己改變，那就是一個好的開始。

有自殺念頭的人，的確很難改變，因為他們沒有看見希望，沒有人幫助他們轉念、看見希望，這個過程需要很長的時間，可能要幾年，可能要幾輩子，但最後就要看自己，看看能否早點接觸到菩薩、認識菩薩，或是認識貴人來拉自己一把。

人生本來就苦，但是還是要努力的活下去，人生中，做選擇不容易，但還是要學習與承擔。

不要輕易放棄生命，生命很可貴。生活可以很美好，就看你如何看待它了。

●有人問：「自殺的人會去哪裡？會重複自殺當時的動作、不停的體會當時的痛苦或是後悔，直到原本該有的陽壽盡了為止嗎？」

這個部分，在之前的書籍中有提到。

很難說明每個人都是一樣的，不可能有一個模式，所以沒有標準答案。

只能說自殺之後，絕對受苦、絕對恐怖，千萬別做！千萬別想！

問：「如果自殺之後，絕對受苦、絕對恐怖，這些所有的恐怖都經歷了，最後還是要再繼續重新輪迴到人間，完成自殺前沒有通過的課題嗎？不珍惜生命的人，為什麼不是直接下地獄？」

什麼是地獄？這樣的受苦，對祂來說，是不是地獄呢？

怎麼能知道祂不是在地獄呢？總之，別自殺！

菩薩說，當人不簡單，時時刻刻、處處隨身隨緣，皆是課題。

珍惜人身肉體，好好修行，才能得解脫之身。

為何靈魂往生後未投胎

●有人問：「有些靈魂往生多年後仍未投胎，為何？」

有的情況是可以申請展延投胎時間的，例如，祂要等誰一起到了才要投胎，但不一定會被核准，要看你的福德夠不夠，還要考慮因緣，如果祂該去投胎的那個位置是無人可替代的，就一定會被拉去投胎。

還有一種狀況是，有些靈是不需要投胎的，不是每個人都要去投胎，有的人往生之後，立誓不再為人，要好好修行，祂可能覺得當人太苦了，所以此生努力的完成今生課題，將來可以不用再投胎來當人，這樣的情況也是有的。

神和天人們知道因果，知道有很多事情是不能改變的，所以，上面的神和天人的心態，祂們是不會想要去改變一件事情的，祂們會接受，祂們理解生老病死，所以，祂們在天上可以接受下面的人受苦、受到傷害，祂們都覺得這就是過程，也能夠接受跟理解，所以不太會動了凡心。

又或者，像我們二〇一九年去洛迦山時，有位同學的祖父母都來了，但祂們都已往生幾十年了，這是因為有些靈魂未必需要去投胎，祂們在另外一個時空仍然有其他事可以做，這是好事。

但既然這一世投胎來到這人間，就要學習這人生的課題，才不會白來這一趟。大家會跟菩薩有緣，可能是我們累世都曾相聚在一起，追隨菩薩一起修行，大家現在有共同的目標，想要一起回去，回去的方式有很多種，有的人好走，有的人不好走；有人的人生是坎坷的，也有人的人生是自在的。

每個人的人生是無從比較的，每個人或多或少都有其艱辛、難熬的一面，是不為人知的，不要去跟其他人比較，因為每個人的人生都有不一樣的苦痛。

菩薩如何挑選通靈人

●有人問：「這世間有很多的通靈人在為眾生服務或幫忙，也替很多眾神或菩薩們做溝通。菩薩是如何挑選通靈人，他們需要什麼樣的特質？我們要如何辨別真正的通靈人呢？」

菩薩挑選的人，除了前世因果與個人業力評估外，在年幼時便予以訓練、磨練，並在評選之後，時時觀察、日日監督，直至通靈人往生，一刻都不會鬆懈。

一旦通靈人忘了初衷，變質（本質變了）、起了變化，便回收其能力，並增加其罪業。

變質的通靈人，通常是墮入貪欲、憎念。

如何辨別通靈人？人們不需刻意辨別，隨緣即可。

菩薩說，真正的通靈人不多，勿盡信自稱通靈人的話術，辨別時需自己有正心。

凡事都是過程，遇見菩薩時，也可能會遭遇阻礙與挫折，才能堅信菩薩。

再者，更多身邊的人就是你的菩薩，何必追尋，重要的是修自己的心。

●有人邀約去靈動的行程，我們要如何看待這活動？

靈動的活動，其實很容易走火入魔。

有時你遇到了某些的靈，你很難跟祂溝通或進行驅離。

所以，都不鼓勵大家做這些，這樣很危險。

因為你靈動了一次，你就會尋求下次有什麼動作、有什麼感受、靈跟靈之間有什麼連結。

你跟靈之間會互動，第一次很開心，第二次很歡愉，接下來，你就會尋求某種震盪，其實它就是一種魔性，因為你不知道誰會進入你的身體、去控制你。

真正的修行，是不具任何形式的，你就只是站著、靜靜的，不做出任何動作，

靜心的去感受這個外界給予你的力量，全部都從心裡面出發，不需要透由任何形式。

用心去感受自己的內心，無欲無求，也是好的。

你看所有的法師跟和尚，他們去到任何一個地方，就只是很簡單的、靜靜的，站在那裡雙手合十。

就算他不雙手合十，也會是靜靜的站著，去感受這個世界，感受那個能量場，而沒有任何太多的動作。

修行不外求，不追求神通，真正的修行是修心。

認識觀世音菩薩

●有人說：「觀世音菩薩是過去的佛，外面有很多有關菩薩的故事或傳說都是偽造、杜撰的；我常感到困惑，因此很想進一步認識觀世音菩薩。」

有人說祂是玉皇大帝的女兒，也有人說祂是某位國王的公主……。其實這些民間傳說的歷史故事，都只是為了讓大家更堅信：觀世音菩薩是慈悲的，祂利益眾生，且發心、發願在菩薩道上幫助大家。

真正觀世音菩薩的緣由就是：祂的初發心就是要幫助這世間的眾生，祂本來就是菩薩；祂本來的原生、原形就是觀世音菩薩。

一般民間流傳有關觀世音菩薩的各種故事，只能說民間大眾因為實在是太喜歡祂了，所以給予了觀世音菩薩很多美麗的故事。

不管這些故事如何寫，你們可以選擇相信，也可以選擇不相信；因為這故事

中的角色都有可能是觀世音菩薩幻化成平凡的人，而示現在人間的，但祂原本就是觀世音菩薩。

所以，你們也可以想像觀世音菩薩投胎到某一位國王身邊，成為他的三女兒，例如最常聽到的「妙善公主」的故事，無非都是基於前面所提到的緣由。

提到有關觀世音菩薩的傳說，我們只能說祂可能曾經降世於民間，因為祂的善行善舉被人所記載，再加上若干美麗的修飾而成為民間傳說的故事，說祂是天上的觀世音菩薩來投胎的，這都無妨。

但菩薩說：祂的原生佛身就是「南無觀世音菩薩」。

本來就是一位菩薩，祂可能曾經來到過凡間，經歷過人的生活，體驗了生老病死及喜怒哀樂，這都是菩薩該有的經歷，所以，祂才能體驗到世間苦。

當祂是觀世音菩薩時，祂就一直跟人們在一起，同時跟人們經歷了所有，而且不是只有一人，而是無法以量數的人，一直不斷地在經歷及學習。

但也許有人會問：祂會不會對世間看久了，習慣了，而無感了？

其實沒有，菩薩永遠都秉持初發心，永遠都能感同身受；祂看見你哭，就陪著你哭，永遠不會嫌煩，永遠都是與你感同身受的，陪著你一同面對、解決問題，會一直慈悲地體驗你的苦，絕不會嫌煩；祂是一位非常具有慈悲心，而且具有同理心，可以跟我們相應的觀世音菩薩。

所以，我們要如何認識觀世音菩薩？就是努力地稱唸南無觀世音菩薩佛號，並一直不斷地稱唸，只要我們有空就稱唸，我們就會發現，菩薩與我們很靠近。

從現在開始，不要覺得稱唸南無觀世音菩薩，會讓菩薩覺得麻煩，不會的！菩薩就像我們的母親，跟我們非常地親近，總與我們相應。

菩薩的叮嚀

菩薩的叮嚀

很多人在生活中遇到了困境，參加座談會時，希望菩薩能就他們目前所遇到的困境，給予一些建議，對他們有一些的幫助，於是開啟了這樣的對話。

或許，你也可以從中感受到這些對話的力量，知道在遇到某些困境時，該如何調整自己的心態，如何讓自己堅強起來？

相信這些對話，對你我都是非常有幫助的，而且充滿力量。

愛的修復力量

❤如果我被現在的困境打倒了，我該怎麼調整我自己？

觀世音菩薩說，這麼多年來，每一次，當人生要做出改變的時候，每個人都要告訴自己要勇敢，不要被打倒。也許你認為，這只是一句鼓勵的話，但在我們受困的當下，就是需要自我鼓勵來讓自己不要放棄。

這一路走來，菩薩看著每一個人的改變，看著每一個人努力的在日常生活中學習與進步。

每一份成長，每一個領悟，都讓菩薩感到非常的欣慰，每個人可以有非常寬容的力量，去支持其他人想要做的事情，過程中，也不阻止他人成長與學習的機會。

每一個困境中的成長、每一個蛻變，都是非常難能可貴的能量，也能聚集非

常強大愛的修復力量。

就因為這樣，我們身上也擁有很多很強的力量，可以去照顧別人、修復自己。

愛可以修復自己本身，愛也可以修復別人，給予別人力量。

在困境產生的當下，除了努力、勇敢之外，也不要忘記愛自己。

人都要學習在心境上放寬，讓心變得安定。

照顧好自己的心靈，照顧好自己的健康，讓自己能夠在沒有太多憂愁的情況下，能夠生活著、關心著、愛著，這很重要。

菩薩知道每個人都辛苦，也許有很多苦不願意說出，也害怕造成別人的傷害跟壓力。

但有的時候，如果真的需要愛，也可以跟家人、朋友分享你的內心感受，訴說你需要被照顧、被關愛的渴望，不要覺得會給別人帶來壓力，因為在被困境打倒的情況下，有時候，真的很需要他人的關心。

說話盡量放柔軟，盡量不要過於憂愁，也能夠展現出正向的力量與能量來。

❤有時候，覺得自己好像沒有生命力，看見生病的家人，與逐漸不健康的自己，讓我對生命感到害怕，覺得健康真的很重要，而生命竟是如此的脆弱？

我們都需要學習把握當下、把握生命，讓自己成為生命力很強的人，我們的健康不是菩薩在控制的，是自己！每一個人的身體健康都是自己在努力照顧、掌控的，一刻都不能鬆懈，一刻都不能被打倒，把身體交給醫生，把生命交給菩薩。

面對身體健康的問題，要細心、要重視，要比別人有更堅強的意志力，要比別人有更勇敢承擔的毅力。

為了照顧家人的健康，我們要活得更健康，不能放棄，要好好的照顧自己、愛自己。

只有自己的身體得到滿滿的愛，不好的細胞才不會滋長。

只有你感覺到安定跟穩定，不好的細胞才能夠自動退下。

無論如何，都必須要為你自己勇敢。

人的生命本來就很脆弱，所以身體健康非常重要，經過這次的疫情，大家一定都有深刻的體會，即便擁有再多的金錢，也無法得到所有的健康，唯有好好照顧自己的身體，才有幸福的未來，才能夠在擁有健康的基礎下，去做更多自己想做的事情。沒有了健康，什麼都是枉然的。

所以，在家人生病的當下，讓我們體會到了健康的重要性，以及生命的可貴。這個課題也許是我們過去不曾在意的，但是經過了家人生病的過程，讓我們體會到健康的重要。

每個當下都來得及做改變，就看我們自己是否下定決心改變。

生命是脆弱的，也可能稍縱即逝，把握每一個當下，把時間用在快樂、美好的地方，不要浪費了光陰，不要虛擲了時間，更不要浪費時間去憤恨某個人，也不要再費心思去算計他人，那樣的人生真的是浪費生命，我們必須把每一刻寶貴的時光，都用在快樂、幸福的人事物上。

這才是真正的珍惜生命、把握當下。

❤我在職場中被霸凌，同事全都一面倒，只聽某些人的話語，對我產生誤會，卻從未來問我事情到底怎麼一回事？我常常在想，這世界有公理嗎？為什麼只憑對方的說法就可以斷定我的為人？他們對我產生不公平的言論以及偏頗的看法，在職場團體中，煽動其他人對我做人身攻擊，我該怎麼辦？

有時候，霸凌的事件就是以強欺弱，或是對方找到了自以為可以攻擊別人的目標、問題之後，緊抓不放，把別人的缺失或是缺點放大，然後一直不斷的用各種方式攻擊對方。

其實，有時候也不知道對方說的到底是不是真的？但是就是有人會相信，對於當事者非常的不公平，在沒有去詢問當事者的情況下，沒有可以辯解的機會，久了之後，便可能產生積非成是的狀況。

當事者通常會感到非常的傷心難過，心中會產生非常大的疑問：為什麼聽到這樣的謠言，不來問我？為什麼不來問當事人到底發生了什麼事情？

但是，即便是解釋了，或來詢問當事者，作用可能也不大，如果聽的人已經有了偏頗的主觀意識或想法，當事者說得再多，別人也可能會用自己的想法來解釋或是看待謠言。

當辯解也沒有用的情況下，就是不要聽、不要管，不用去在意這些謠言，雖是這樣說，但要做到卻很難，就是因為謠言讓人傷心、難過，所以才要告訴大家，不要成為霸凌別人的加害者，人們一個不經意的說法，或是謠言的傳遞，都可能對別人造成非常大的傷害，你要當那個傳播者嗎？

再者，別人的事情是是非非，跟你到底有什麼相關？讓你非得承擔這些因果罪業，跟著別人一起傳播不知是否為真實的謠言，傳播之後，要一起跟著承擔嗎？

我們都無法阻止想要霸凌別人的人，說真的，只能訓練自己要堅強，告訴自己要善良，不要跟霸凌者一樣，另外要慶幸的是，自己跟霸凌者不一樣，自己的善良讓自己驕傲與勇敢。

霸凌事件越來越多，很多人喜歡在鍵盤背後議論別人，這樣的生活到底有什麼意義？

真實去想一想，批評或是議論別人，真的會為自己帶來快樂嗎？你的生活為什麼要一直建立在讓你不開心或是你不喜歡的人身上？明明討厭對方，卻要時時追蹤對方？

無法阻止霸凌發生的情況下，只能訓練自己堅強，遠離這樣的人，讓自己清靜一點，你會發現，遠離了充滿負能量的人，生活裡少了批評，美好了許多。

另外要告訴自己，你是幸福的，因為擁有很多人的愛，不要忘記，這一切都是因為有愛，才會有這些附加的能量、附加的福氣。

要給予自己更多感恩的心，感恩對方，感恩這生活中的一切，感恩曾經看不起你的人，感恩曾經取笑你的人，因為現在的你，比他們還要幸福，而且深深為自己的善良感到驕傲，也為自己平靜的生活感到開心、幸福。

那些愛批評的人，可能不適合當你的朋友，那麼，就找些真正快樂過生活的朋友吧！

勇於做決定與改變

♥我害怕做出決定，很希望每次做的決定都是對的，就不會擔心害怕、讓自己一直處在害怕做決定的恐懼中，我知道要學習，但是我就是很難做到！我該怎麼樣讓自己勇於做決定？

太過於畏懼、害怕的你，會因不能做決定而六神無主。

這時候，你應該要給自己更多的勇氣，告訴自己：就算做錯了決定，也不害怕；就算結果不好，也不是你的錯，有些事情，本來就是順應而生的。

而在這些過程當中，我們必須學會勇於承認、面對自己所做的決定之後的結果。

當你越有勇氣時，隨之而來的結果，亦將會是美好的。

人生當中，有很多事情是亦步亦趨的，不斷地在成長，也不斷地在做決定。

在做決定的當下，也許充滿著質疑，害怕自己的能力不及，害怕很多事情的結果無法掌握，但是，不就是在這些決定的過程當中學習嗎？

看見自己心念的成熟度，看見自己可以承擔的抗壓性，其實都在在顯現出你在這些生活過程當中所經歷的。

用心去感受，寬容的去面對，並給自己增加學習、磨練的機會，減少抱怨，就能夠讓未來更加的充實。

菩薩會給予你力量，給予你自信，讓你開創屬於自己的一片天。

有的時候，身邊總是會出現一些人給你幫助；有的時候，身邊會出現一些人混亂了你原本清晰的思緒。

什麼事情是對的、錯的，靜下心來，冷靜思考，內心總會有清明的答案，你問問自己，答案應該就非常的清楚，不應該妄自斷定別人給予你的資訊是對或錯的，思考之後，再做決定。

一切的對與錯，一切的輸出、輸入，都應該透由你的心去淨化，才能知道那是否是你要的答案，而不是別人要給你的答案。

即便別人說了很多，可是跟你沒有接觸，跟你沒有相關的，未必是你要的。你要把它淨化，做輸出、輸入的工作，然後才能知道那對你有沒有幫助。只要對你沒有幫助的，此刻，都不是你要的答案。

別人給你的看法，不要未經思考便認為那是你要的。

在做決定的當下，也許你已經知道想要的結果了，只是需要別人為你背書，讓你在承擔結果時，比較有人可以依靠。做事不要有太多的執著，不要有太多的罣礙，有的時候，做一個決定是需要心想事成，需要用自己的念力來凝聚的；有的時候，就只是當下一個想做決定的念頭。

不要再依靠別人替你做決定，不要再看別人的臉色。你必須要堅定自己的想法、確定自己的方向，這樣子，才能朝著目標前進。不再優柔寡斷，做出屬於自己的決定。

不用去在意別人的想法，不用去在意那些無關事實的批評，因為那都是別人的看法，並不代表真實的你。

認真思考自己未來的方向，在發生事情的當下，也許先不要急著做決定，必須要冷靜地去思考自己到底適合什麼。

有的時候，會過度委屈、委曲求全的適應他人，卻漸漸地失去了自己。

你是否應該要慢慢的找回真實的你？

讓自己真正的開心、快樂起來，而不再只是附和別人，因害怕受到傷害而配合著別人。那是真實的你嗎？

有些流言、有些語言本來就不應該存在，你也不需要去看重那些批評跟流言。你只需要自在的做你自己，而且要讓自己開心、快樂起來。

心中所想的事情，其實可以將它化為行動、計畫，開始執行。

不要總是光說不練，而是必須要給予自己執行力、行動力。拿出勇氣來，讓自己更加的勇敢！

你所想要的，其實都可以美夢成真，你只需要更多的堅定來幫助你自己，不要再三心二意。

做一件事情，就必須要有全然的執行力去做，告訴自己：突破難關，才能夠把事情做好。

如果總是在旁邊觀望，或是執行力不夠，都只會讓事情越來越趨於複雜。

如果真的想把一件事情做好，想要有好的結果，意念很重要，信心很重要。

每一步都必須堅定，才能向前走；每一個信仰都必須是透過你真實內心所真實相信的，再繼續追尋、追溯，否則一切都只是一個幻覺、幻影而已。

所有的信仰都必須建立在你真實的覺知上，真正有認知、有察覺，才能算是真正有在感受。這就是人生的課題。很多事情都必須要腳踏實地、真實的去感受。

心想事成不再是一個夢想。你可以用你的心念去改變這世間當中的一切，你可以用你的心念去改變你的生活。

仔細地聆聽別人所說的，給別人機會，也就是給你更多成長與成熟、包容的機會。

認真思考當下自身所處的每一個階段跟困境，有的時候，它都存有一個隱藏的意義。

當你需要更多的耐心才能看見結果，當你需要更多的耕耘才能看見收穫，這些都不是一蹴可幾的，都需要一些時間。

不要過急的期待時間能夠運作快一點，你才能夠在此過程當中優游自在，得以從容學習。

人生當中有很多事情，是需要耐心與時間的，不要急著想要看到結果，因為我們都必須在這些過程當中，經歷自己要學習的課題。

一旦你願意勇敢、願意堅強，所有的課題都可能會迎刃而解。

一旦你願意勇敢的去面對，這些問題都不再是問題了。

善良的人，上天總會在你身邊不斷地安插貴人，不斷地給予你力量，讓你度過難關。

只要你堅信善的原則、無量的愛，總是會有機會帶你走向美好的命運。

在我們人生的學習課程中，內心需要更加的柔軟，柔軟當中是有堅毅的心，堅毅當中是有柔軟的，而柔軟當中又有智慧。

去除掉各種執著，就能夠成就更多的柔軟。勇敢去面對自己的課題，不再委曲求全。

就算擁有很多的決定權，也要能試著放手，讓別人學習去做決定，讓別人有所成長。放下控制欲，會成就更美好的你，而在這當中的學習，更是你未來成長的養分。

不要害怕做錯決定，做錯了，也是一種經驗的學習，就像跌到了，再站起來，一樣可以繼續向前行。

❤我覺得自己很固執，聽不進去別人給的意見，常常因此而受苦、交不到朋友，人際關係也不好，我知道要改，但自己的個性、脾氣真的常讓自己受苦，我該怎麼做，才能改變自己的固執？

我們大家都知道，要改變個人的個性或脾氣，是非常困難的一件事，除非自己願意改變，否則很難因聽見別人說了什麼，就忽然間改變自己。

通常都要讓自己受了苦、傷心、痛徹心扉之後，才願意改變，自己承擔了後果後，才會接受必須改變的事實。

覺得自己很固執，就要不斷地提醒自己，很多事情總是有反有正的說法，意見不同沒有好與不好，都是不同的看法，都可以聽聽、作為參考，不要急著做決定，也不要急著下評論。

我們不僅會看見正向的一面，也會看見反向的一面。

從反向當中，可以做到反向思考；從正向當中，可以給予正面的力量。

任何一個決定、一個想法，都是對的，我們不要主觀的評論他人是錯誤的，要用寬容的心去接受每一種可能。

我們必須要用更開放、包容的態度，去接受別人跟你持有不同的意見，這是一個互相分享、互相觀摩、學習的時刻。

做事情要能去除固執，不要只聽自己的意見，有時候，別人給你的建議充滿著智慧。只要能夠放下固執、放下執著，可能會得到更多的資訊與方向，從這些方向中，看到未來人世間可以學習的面向與範圍。

不要執著在你所看見的，你可以學習的東西，其實還有很多、很寬廣。

很多事情都應該要放下執著，不要試著想要去改變。

順應著因緣而生，順應著事情的變化，會讓你感受到自在與優游，事情更會有好的面向、好的發展。

生命當中，總是有很多的經歷是漂浮不定的，是舉棋難定的。

菩薩說，認真思考，不斷地檢討自己，給自己精進的機會，順心去完成自己的本分，這就足夠了。

不要過多的要求自己，也不要過多的要求別人，一切以自己順心、快樂為原則，不要讓自己沒有喘息的空間，也不要把自己壓得太緊、讓壓力過大。

堅強勇敢的你，就算遇到挫折，也不要倔強地想要抵抗，或想要改變別人。

改變別人不是你的責任，你只需要接受結果、接受事實。

有些事情真的不是你能夠控制跟改變的，那麼，就接受不夠好或軟弱的自己。

每個人都需要有喘息的機會，記得要讓自己放鬆、休息，如此，就會有源源不絕的能量，不斷地提供智慧給自己，幫助自己做出最正確的決定。

用心去對待每一個在你身邊真心對待你的人，用心去感恩每一個對你好的人。不要抱怨，並能時時珍惜，這一切的美好會一直不斷地在心中滋長出更多的愛圍繞著你。

而你所付出的一切，總會在有一天得到更美好的收穫。

任何生命當中的決定，都不是一個偶然，而是你意念所造成的決定。

當你的心念轉好的時候，事情會有好的發展；當你的心念轉壞或負面的時候，總是會有一些意外、衝突出現。

所以，要如何導正你自己的心念，是當下非常重要的課題。

只要你願意敞開心胸，任何事情或任何過去已經發生的、不能諒解的，都可以原諒。

當你開啟了原諒這一扇窗時，任何事情都可以迎刃而解，而你心中的愛會滋長，會讓你感受到別人對你的愛與關懷。

人生當中，做決定要靠自己，改變個性也要靠自己，能不能夠珍惜當下的愛與幸福，也是自己去做決定的。

不要固執，才能擁有更多，等你的心越來越寬廣的時候，心中能夠容納的愛與美善，就會越來越多了。

若真要去除固執，也要靠你自己去做改變。

❤我們在看別人課題的當下，其實，多多少少都能幫助到自己。萬一遇到類似的問題時，內心反省自我，思考我們可以用什麼樣的方法來修正自己，讓自己更好。這樣的念轉，是否可以讓我們越來越勇敢、越來越有智慧？

每次看見別人發生事情時，都像是在給自己上了一課，讓我們體驗到生活當中的難關，然後學習增加智慧，看看別人的問題，想想自己如果遇到了，會用什麼方式來解決這樣的課題，也看看有沒有什麼方向，是自己需要做一些改變、做一些調整的。

菩薩一直不斷地告訴我們，當遇到困難時，要努力、要念轉。

當我們執行得很好，就可以去除一些膽怯或害怕。

菩薩無所不在，菩薩會一直陪伴著勇敢的我們，陪伴著願意念轉的我們。

當你在恭請菩薩的時候，菩薩一直都在你身邊。

期待菩薩給你力量，菩薩就會一直不斷地給予你力量。

當你需要菩薩時，記得，菩薩會永遠陪伴著你做任何無所畏懼的決定。

對於自己想要的，有時候要積極的爭取，依照自己想要的去做，不要害怕結果與你所想的、期待的不同。

很多事情，如果真的想要，就必須要靠自己的努力去爭取，讓你越來越勇敢。

菩薩希望在未來的生命當中，我們能夠擁有更多的勇氣、更多堅定的力量，不要畏懼別人的需求，或是過度討好別人的需要，為了滿足別人的情緒，而委屈了自己，我們誰都沒有必要為別人的情緒與喜怒哀樂負責任。

不要畏懼別人的情緒，別人的情緒都是他們自己該面對的。只觀照自己的內心，想要的就去做決定、去嘗試、去冒險，那對你的人生來說，都是美好的。

人生當中，總是有很多課題是菩薩賦予我們的，而我們也要一直不斷地時時監督自己。

勇敢地去面對自己想要的，勇敢地去承擔自己的選擇，開朗迎接未來的每一時刻。

不再害怕，不再有所畏懼的迎向每一個挑戰。當你信心滿滿的同時，就會成就圓滿的、好的結果。

當你有所畏懼、卻步的時候，再調整自己的腳步、重新開始，深呼吸，便能夠看見陽光乍現。

當你的心越堅定，意念便越會將一切帶向更美好的結果。但一定要心無罣礙，勇敢向前進。

用你寬容、快樂的心，迎向更美好的能量，笑著迎接每一刻的到來。

愛自己

❤菩薩都告訴我們要多愛自己，但是，多愛自己會不會變成一種自私？只在意自己的想法？只重視自己的感受？這點會不會也傷害到了別人？

菩薩說，多愛自己很重要，愛不是自私的只想到自己，愛自己是把自己變得更好之後，還能夠去幫助別人，或者也減少了別人擔心自己的機會。

當我們多愛自己，將自己訓練成擁有很多愛的人，我們可以不斷地把自己擁有的愛、把這些心意放諸在身邊的朋友跟家人身上，多愛自己一點，也讓別人對我們少點擔心與擔憂。

學會愛自己，傾聽自己內心真實需要的，不要只是讓自己受到傷害，也不要過度的、全然的相信他人，有的時候，要為自己有所保留，避免你自己遭受到傷害或詐騙，這是一種保護，也是愛自己的方式，有時候，太過於信任他人，會換來巨大的傷痛，多些愛自己與保護自己的方式，也是可以避免受傷的。

花了太多的心思、太多的力量在愛別人的身上，少了愛自己，最後可能都會傷痕累累。

努力同理別人的感受，但不要太投入別人的悲傷中，因為那不是你自己的，我們可以陪伴，可以傾聽，但還是要讓別人自己做決定。

別讓自己的善良和單純，被別人利用了，防止你自己被傷害，保護好自己，才是上上之策。

我們可以同理，我們可以慈悲，但也要懂得保護你自己，這也是愛自己的一種方式。

過去生活當中所有的感受，都只是一個經驗，並不能代表未來同樣會發生與過去同樣的事情。

菩薩說，放掉過去曾發生過的不美妙事情，那已經讓你學習到了經驗。

未來若遇到同樣的事情，要用智慧、平靜的心去解決。

那些批評都是針對人的，針對人的就必然有傷害。

認真生活、多愛自己、多注意自己的感受，那才是最真實的，不要再努力去討好別人了。因為真正愛你的人，他是願意陪伴在你身邊，跟著你一起度過難關的，沒有耳語，沒有傳播，沒有謠言，他們會真心真意的陪伴在你身邊。

菩薩一直都在，只不過有些事實必須讓別人看見，那需要時間，需要有一點耐心，去等待好的結果。

用心去觀照每一個當下，其實，每一個當下都賦有意義非凡的課題。

只要用心，便能夠感受到別人的關懷、關心，而非指責。

凝聚這些愛跟力量，讓你在生活中得到更多的愛，找到真正愛自己的方法。

當你越懂得愛自己，就會越懂得珍惜在你身邊的人；越珍惜，就越捨不得有傷害的存在。

身邊的人若是真的愛你，他們會讓你做你自己，他們也會開心你是愛自己的。

體悟禪心之語

體悟禪心之語

選一個字，讓這個字成為你的動力，或者讓這個字代表你現在的心情，為你做解讀，給你一個方向，讓你能有所思考。

靜靜地看著這個字，然後閉上眼睛，再去做這個字的感受，說出你對這個字的看法，接著再看每個字的解釋，或許能帶給你不同的解讀與思考的方向，讓你的心沉澱、沉靜，進入靈性思考。

♥疼

心裡面有受傷的狀況，所以會覺得心裡很疼。

可是為什麼會疼？是因為人疼了之後，才會有知覺，有知覺了，不想要再疼了，就會有所改變。

所以，在禪心的定義裡面，是痛過了才會成長，疼過了之後，才會知道什麼樣子是我不要的。

因為痛過了，你會知道這個感覺是我不喜歡的，所以我會防止自己再受傷，我會防止自己再發生這樣的狀況。而且我記住了這樣的感覺，不想讓自己再有這樣的感受，所以我會做改變。

這個就是一個改變的開始，就是一個成長的開始。

人總是要受了疼，知道我不想要再有這樣的感覺，我才會改變。

在禪心定義裡來說，這也代表著，改變永遠是自己主動要發生的。如果你不改，沒有人可以幫助你。

所以，只有你自己可以改變自己的個性、改變自己的命運。

❤靜

菩薩希望你靜下心來。因「動」了太多，想東想西，想要轉換跑道，想要改

變什麼，想要做什麼，很多事情都在你的腦袋中一直不斷的翻轉出來，一直不斷的竄出。你有很多的想法，但卻沒有去做。

所以，現在應該要靜下心來想一想，讓這些想法、動作都停下來之後，慢慢整理。

哪些事情是我該做的，先選一個出來做。

做完了之後，再靜下心來，然後再選一個再做。

一步一步，每次都只做一件事情，不要同時讓自己產生很多紛亂的心。靜的開始，才是一個新決定的開始。

很多事情要懂得轉變、改變，能夠轉念、念轉，都是很重要的。

轉就是不會停留在原地，會一直不斷的動。

所以，勞累、勞碌，都是好事，因為你就是要一直不斷的轉。

轉動之後，會不會回到原地，都是自己的決定，但是就是要一直不斷的轉。

轉就是一種動力，就是一種改變。

♥變

現在的你，需要做很大的改變，改變自己的想法，改變態度，還有改變你一直不斷長期委曲求全的狀況，為了要配合別人，捨棄掉你自己的想法；為了不要引起注意，而不表示意見。

菩薩說，忍耐是可以一時的，但是，不能夠長期地讓你的心覺得受到委屈。所以有時候要改變想法：「我表達我想要表達的。也許你不能支持我，也許你不能順應著我去做決定，但沒關係，至少我表達了，至少我沒有讓我的心再覺得鬱悶，或是我覺得我一直在被欺負。」

所以，現在要學習改變，要學習讓更多的目光、更多的好能量在你身上。

菩薩說，有時候麻煩別人，是因為你現在的能力需要麻煩別人，並不是代表你沒有能力做事。

很多事情要放手交給別人去做，尋求必要的協助。

改變態度很重要。有的時候，我們前方有個目標，但是一直都沒有辦法達到

目的地或目標時，改變我們的態度，變成是一個關鍵。

當你的態度轉變的時候，你會發現，任何的貴人、好運都會降臨在自己身上。

所以，先從改變自己的態度開始，包含對生活的態度、對工作上的態度、對業績的態度，都要全新做一個改變，很多事情就會跟著好轉。

很多時候，我們都很固執，不願意做改變，是因為做改變之後，害怕沒辦法掌握，所以我們就停留在原地，跟以前一樣，做以前一樣的事，吃以前一樣的東西，我們害怕自己沒有辦法擁有安全感。

所以，未來的我們必須要學習安定自己的心，讓自己更有安全感，才會變得勇敢。

♥執

人不要有太多的我執、執著。有很多事情不是你可以強求的。

當你強求不了的時候，就要放下。

而放下這件事情，不是光在嘴上說的，而是要真正的去執行，要真的放下。過去挽回不了、完成不了的，真的應該要放下了，你不能夠讓這件事情一直不斷地在你身體、心理層面折磨著你。過去的傷痛，都已經過去了。再多的懊悔，都沒有辦法讓它重新來過，我們現在只能往前看。不要太執著於自己要做的事情，不要太執著自己要做的想法，因為很多時候，別人都可以給予你很好的建議。只要你虛心接受，你會發現，因為放下了我執，很多很好的運氣都會跟著進來，而且也可以改變結果。

♥放

放心，放手，放下，什麼都要放。不能夠執著在過去曾經發生過的事情，不能夠再執著過去你曾做過的事情。很多事情都不一樣了，很多事情都要重新開始。

我要把過去的全部都放下，不帶著走，我要往前走，這樣，我就不會把過去的包袱背在身上。

♥任

任由放任，也就是沒有一定的規範，沒有一定的限制。

要記得，不要去限制你自己一定要做什麼跟不做什麼，沒有一個範圍。這個範圍也不用在別人身上，不要限制別人。

沒有一個規範說，你一定要這麼做；沒有規範說，我們曾經那麼做，所以現在不能這麼做；也沒有規範說，我們過去沒有這樣做，我們現在也不可以。

沒有一個規範，那麼，可不可以放任它？

而你必須承擔的、不能逃避的責任，這是需由人來操控的，就不能夠逃避。

譬如說孩子，該是你承擔的、要照顧的，你就要承擔，他的心靈裡需要被照顧的、需要安定的、需要跟你聯絡、需要爸媽給他鼓勵時，都是需要人去做的。

菩薩希望人有更多的柔軟在，而且不管遇到什麼樣的環境、什麼樣的狀況，人都可以像水一樣變得柔軟，適合每一個容器的樣子，適合每一個環境所需要做的改變。

不要認為「柔」會過於柔弱，配合別人，好像自己吃虧了。要記得：配合著大家，我有我自己的柔性，這對我來說，反而是適應當中最大的生存條件，且對我來說，是最好的，因為水可以占滿所有的空間。但你如果是豆子或是很大顆石頭的話，一定會有縫隙。

所以越柔軟，對你來說越好。

不跟人家吵架，是第一件事情。不回嘴、不頂嘴，是首要的學習。

很多事情要學習放心、放手、放下。

從現在開始，每一刻都是一個新的開始，讓自己就像水一樣，不管放到什麼樣的瓶子裡面，你這個水都會呈現出那樣的狀態。

所以，放手一搏，放心的去做，對自己要有信心，要放心。

你會很好，你需要放心，讓自己放手去做，各方面都會越來越好。

你要相信你自己，你要放心、放手。

♥念

菩薩說，信念是一切！你要懂得相信你自己可以改變，願意改變，一定會改變，而且會有好的結果。

你做一件事情時，常常會很害怕：「萬一結果不好怎麼辦？我很害怕！」可是現在都還好好的。「如果我改變了，萬一沒有了怎麼辦？」

要相信！信念會帶來好的運氣，信念會帶來一切。

所以，你只要相信就會有好的結果，要用你的信念去改變事情，不要害怕！你有很多的信念需要加強，你要相信你自己是會越來越好的，你也要相信所有的好運都會集中在你身上。

過去很容易擁有負面情緒、負面能量，現在開始都要做一個修正，因為那些會阻礙你自己。當你想太多，就會害怕，那就不會去做。

基本上，很多事情別想那麼多，去做就對了。

念頭很重要，用信念去相信，用信念帶領你往更好的地方發展。

你的念頭好，很多事情就會往好的地方去想；你的念頭不好，很多事情就會往不好的地方去想。菩薩說，很多事情成不成，都在於你自己的心念。

所以你的心念好、成熟，就能讓事情帶有好的意念。

如果心念不好，不夠成熟、穩定，不夠有毅力、耐力，事情就不能夠有落實、成功的一天。

❤善

用很多想法去想善的、好的，往好的地方去想，很多結果就會跟著好。

菩薩說，一個善良的人，從來沒有想過害人的心，也可能會遭受到別人言語上的傷害。

菩薩說不需要在意，因為人如果存著善心去面對，沒有惡意，也沒有什麼其他的想法，就不用害怕。

♥真

菩薩在禪心當中告訴我們，做什麼事情都要真。

真實的去面對自己的問題，真實的面對自己的情感，真實的面對自己的感受。

你可以學習著如何把它表達出來，讓對方知道，不要有所隱藏，因為你已經夠委屈了。

很多事情再繼續隱藏下去，對你來說，其實是不公平的。

菩薩希望真實的對待你自己，真心的對待你自己。

其實，你已經很久都不開心了。

應該要以最真實的態度來面對自己的情緒，讓自己可以繼續有快樂的想法、快樂的能量。

菩薩希望我們不管在做任何事情時，都不是只有單單為自己，也為了對方。

很多事情是要兩個人一起去完成的，你跟另外一個人，不管跟誰，都必須要彼此互相合作、互相信任、互相同理，才能夠完成。

所以你會發現：我有時候會無緣無故的承擔了對方的一些責任，幫對方做了些什麼。

你只要記得，你們是一起的，所以沒有誰做得比較多、誰做得比較少，兩個人都是必須要一起的，不分你我。

❤情

有的時候，情的部分困住了你，不管是親情、愛情、友情，都困住了你，而且讓你掙扎到沒有辦法放手。

有的時候，你沒有辦法分別自己該在什麼時候放手、自己該做什麼樣的抉擇，所以，情感就困住了你。

菩薩希望這個情要先從自己的心開始，很多事情是從自己的心開始衍生的。硬叫你去做，你會不甘不願；你自己心甘情願去做的，你會趕快去做，而且做得很好。這部分是告訴你，不要勉強自己。

在生活當中，你已經有很多負面的情緒來勉強自己撐下去，所以，菩薩希望你先多看看自己的心，不要再勉強自己了。

♥惜

珍惜，還有惜福、惜緣。

任何在你身邊的人事物都是上天安排的，目的就是要你學會掌握他們、擁有他們。能把握住這些，你就可以把握住這個人，因為人念舊、惜緣，能夠念舊，就代表著我的所有都念在過去的情分下，這些情分、這些人、這些事、這些物都可以跟著我，因為情分會跟著我長長久久。

❤恩

心裡面，時時都要感恩著別人。

當你感恩的時候，或在做生意的時候，常常把別人的恩情放在心上，這樣子，就會讓你在做任何事業或任何事情時，都會有更多的福德來幫助你。

❤慧

你要去感謝身邊對你好的人，要開啟你的智慧，找到過去的自己，菩薩會幫你做一個連結與修復。

❤現

現在出現在你生活當中的課題，都不斷地在引領你更加的成熟與更多的成長。現在這個當下，便是你需要珍惜的，是你該要開心擁有的部分。

不要去看以前，不要去看未來，就只看現在你所擁有的跟你現在所經歷的。

做事情都要非常的謹慎、小心，想過了之後再做，而且做的時候都是發自內心的真心才去做。所以，你所做的每一個決定、每一件事情，都必須是經過深思熟慮、審慎做出來的。

有的時候，不要過於衝動、過於急躁、想做什麼就做什麼。想完了自以為想得很周全了就去做，其實並不周全。所以要審慎的去思考。

❤表

很多事情不能再做表面的功夫，不能夠再只是表面上裝作平安無事。

很多時候，潛藏在表面以下內心的澎湃、內心的掙扎、內心的煎熬，才是激化你的一切。

所以，表面上看起來安然無恙，但是內心澎湃洶湧，內心遭受到了傷害、委屈，其實是更需要平復的。

表，代表著外表的穩健、沉穩，但最重要的其實是冰山以下的內心。

很多事必須要有心，要能夠感同身受，要能夠將心比心。

在禪的定論當中來說，任何事情都是與他人同步的，任何事情在那個當下，都是與他人同在的，這樣才能有更多的感受，才能給出更多的同理。

❤平

平代表著所有的事情都是平衡的，連字都是平衡的。所有的人事物中間都代表著中庸之道，沒有你我、善惡、是非對錯，一切都是平的。

平穩也代表著很多事情是平常會做的，平常會發生的，無常也算是正常，所以一切會發生的，都是平時最平實的。

平實的付出。

所有的經歷也都是人生當中本來就必經的過程，你越平靜、越平常，便越能夠平等的認同對方、越能得到內心真正的平靜。

什麼事情都要取得一個平衡點，看他，也看你自己，很多事情不是光要求別

人就好。

要求別人，也要看看別人的需求，或別人可以做到的部分，不要逾矩，不要超過。

很多事情必須取得平衡點，有工作就要有休息，有努力也要有放下。

菩薩說什麼叫做常？就是常態，常就是平凡，常就是正常。

所有的事情會發生，都是正常的。所有的事情無常，也都是正常的。

所以，當你在生活當中，發生了什麼不能接受的事情，你就要告訴自己：「這是正常的，要能夠穩定下來，沒關係，這在每一個人身上都會發生，只是它剛好發生在我身上，我要學習能夠接受。」

所以你要勇敢，你要有很多很強大、勇敢的力量去支撐你自己。

常就是表示這是一般人都會做的，也是你常常會做的。有時候，會有負面的能量或負面的想法，告訴自己：「沒關係，這只是短暫的，我不會讓它太長久，一下就好了，一下就恢復正常了。」

❤竟

有很多事情會意外發生，或是不如你的心意發生，你都要把它當作是一個學習、成長的過程。

今天發生這件事情，上天一定有祂的安排，一定有你需要去經歷的過程。所以，就算發生了不好的事情，不要大驚小怪，也不要覺得：「為什麼這種事情會發生在我身上？」

學習看這個「竟」，這個竟是突然的意思，突然的改變，沒有關係，因為這都是我們要學習的。

❤空

空就代表著有，空就代表著擁有了許多，越空就代表著越能裝進更多的事物，以及更多豐富、圓滿的事情。

所以人呈現了放空，手也放空、腳也放空、心也放空，如此，很多事情才能夠得到真正的圓滿。

❤呈

也許你過去還沒有接觸過上天給你的，你會覺得：「為什麼上天這樣對待我？好像不公平！」

但其實，菩薩灌注在你身上的慈悲、智慧跟法喜，是飽滿的。

從現在開始，你會一一感受到身邊的人對你的愛，而且越來越強烈，越來越強烈。

所有菩薩要呈現給你的、呈現在你心中的，都會是越來越美好的。

❤果

越是歡喜心地去接受所有的過程，凡事都會遇到很好的結果。

這是指面對事情的態度。很多事情以身作則，可以給外面、周圍的人很多很好的示範，所以你是一個很重要的中心點。

你要怎麼樣開啟一個示範，讓別人看見你所做的，而跟著你一起學習？你要怎麼樣當個表率？你的示範很重要，你表現出來的外在態度很重要。

也就是你的身教、言教勝過於一切，所以你是一個很重要的指標，你要懂得示現給別人看你所做的一切。

你是怎麼樣替他人著想？你是在怎麼樣的工作上去分配的？你要表現出給別人看。

有些事情，可能有些人會誤會你的想法、做法，你要能表示出來，讓他知道，我為什麼這麼做。

如此，很多事情便都能明瞭，都能知道；知道了，就能夠接受。

懂得接受：「菩薩教我們怎麼做，我們接受就好了。」這個是學習得來的。接受就對了，遇到問題就去解決問題、解決困境，這樣就好了。

很多事情明瞭了，就代表著通透了一切。

♥法

佛法一直存在你的心中，可是你現在要開始去找到方法，去執行它。

菩薩教過的，要把它運用在你的生活當中。

很多東西除了學習之外，還要去習慣它。

♥長

要長智慧。

告訴你的事情，吸收了進去，內心要能夠有所成長，不能夠只是停留在原點。

生長的長也是一樣，東西本來就是要由小到大、要成長，才能夠變長。

所以要把時間拉長，要能夠待得久、活得久，就必須要能夠生長、成長。

成長是唯一可以讓你越來越好的部分，不管是在內在、外在，或是在身體、心靈當中，都必須要能夠越來越成長。

❤喜

心要開心、要快樂、要正向。不要想憂愁的事情。

建立正向的心，建立自己的新生活，不要總是依靠別人，總是擔心害怕生活過得不如意。

要能夠建立新的生活、建立自信、建立新的想法，不能夠只是負面的想法。

做事情要更有耐心，要更有規劃。

很多事情如果沒有耐心，便可能會做出後悔的決定。所以，很多事情必須要靠著你的耐心、毅力，讓事情變得更好。

有時候，你會發現事情好像變得不是你所想像的，那麼就要有耐心，有耐心就會出現轉機，就會有好的示現。

很多事情都需靜待一個時機，時機是需要等待的，不管你是要趨近於成熟、美好或趨近於成功，都是需要時間去等待的。

等待要有耐心，時間對你來說，是一種考驗。

越急，越不會有好結果。

越能夠等待，越有耐心，便越能夠等到好結果的發生。

♥急

做事情不要急，但是要快。

這個快是指動作快。

所謂的急是：我還沒想好一切事情的順序時，我就很急，想要知道結果。

而「快」則是：我已經想好了我該怎麼做，接下來就是動作要快，因為我每個步驟、順序都想好了，所以我可以快速。

但你急的是「我邊做邊想」，那就會有一點危險。

「快」是因為我深思熟慮，把所有的一切都全盤考量過了，所以我可以快。

兩個是不一樣的。

❤衝

做事不要衝動，但是要有衝勁。
所有的事情都要有規劃，要有目的、目標，才能夠往前衝、往前執行。
而做事情是要穩當，有條理的去執行、去計畫，這是非常重要的。
當你計畫好一切的時候，再繼續往前衝。
有衝勁，對你來說，反而是好事。

❤慢

不要急，慢慢來，很多事情慢慢的就會有結果。
很多事情的付出，就是要在慢慢折磨中得到成長。
你覺得它在折磨你，其實是在慢慢的醞釀。
燉東西要慢，才會好吃。很多東西是必須要慢才會好的，急不得。

緩

做事情要懂得慢、放慢腳步。緩就是不急，要能夠緩了之後，才能看見事情的全貌。要夠緩慢，才能慢慢的知道，這成長過程並不容易。

在緩慢的爬升過程當中，才能夠有所領悟，才能夠知道誰是真心對你好的，誰只是想利用你的。

在這些緩慢的學習過程當中，你會知道什麼是明辨是非，什麼是善良的，什麼是邪惡的。

在這些緩慢的過程當中，你會有很多人生的領悟。

所以做事情不要急，要慢慢的看。

慢慢的看，默默的看，反而可以看到人家在做什麼。

有量就有福。

很多事情要有好的轉變，就必須要有好的心量，好的心量才能夠裝進更多的東西。

所以量越大，就代表著心量越大、越寬，很多事情都要能夠包容、接受。不管他做任何決定，不管人家做任何選擇，你都要能夠接受、能夠包容。

心不是在打量別人，不是在平衡別人，不是在算計別人，而是「沒關係！都來！我都接受」，這就是一種禪定、一種接受，可以讓你變得更寬廣、更有福氣。

能夠讓，是一件好事。在言語上能夠讓別人，代表你謙卑。在行為上能夠讓別人，代表你寬容、能禮讓。

很多事情讓，不是退，而是能有更多的包容、圓融、接受與更多的圓滿。

❤置

心要把它放置在該放的位置，不要讓自己的心再有浮躁，不要讓自己的心再有躁動，也不要讓太多的傷心、難過進駐到你的心裡面來。

一切都安穩，便是安穩的放置。

放置自己的心，代表著放置了很多的安穩、平安、安全感的感覺。

❤定

很多事情必須要擁有定的接受、穩定的安排。

內心必須要能夠安定，人才會有定點，才能夠往前走。人一旦能夠安定，就能夠往前開始。因為沒有定點，所以不知道從何開始。

所以，一旦有了定點，就是一個向上走、向前走的開始。

❤捐

捐就代表付出，代表捨得，很多事情我已經不在意了，所以，我可以把這個東西給別人，這就是捐。

當我有能力時，我可以幫別人做些什麼事情時，我就去幫別人做，我不會去在意我做了之後可以得到什麼。因為我是捐出去的，就代表不要有收穫，不要有結果，不要有回饋。

所以做任何事情，不管是工作也好，親情也好，感情也好，我既然做了，既然努力了，我就不害怕，我不用擔心我會不會得到什麼，我努力耕耘、去做就對了。

越無怨無悔，得到的就越多。

❤給

你的人生現在最重要的時間點就是在不同的狀態中都要想著：我可以給別人，是因為我擁有。

我不要去在意我到底得不得的到，沒關係，就給。

能夠給的時候，都是一件好事。我能夠付出，能夠給人家關懷，能夠被占便宜，都是一種給。

譬如說，有的人會故意找你麻煩，他會占你便宜，他會欺負你，沒有關係，這時候給，對你來說，是人生當中很大的修行目標。可以給，就代表我擁有。

你會占我便宜，代表著我擁有你所沒有的天賦，我有著你沒有的資源，所以

你才會這樣欺負我。不要把它想成是不好的。

就想像成：因為我有，所以我可以給。

很多事情要能夠有所捨。

捨就是付出，就是給人家，給了之後我就不想，給了之後我就沒有要求了，隨便要怎麼樣都好。因為我有，我才能夠給。

所以：「人家要跟我們占便宜，是因為我有，沒關係，我有量就有福，所以沒關係。」能捨，你就會帶來更多的福氣。所以菩薩要你給，就給吧！

如果他要占你便宜，沒關係，給他。如果他要跟你討，沒關係，給他。

他有膽，他跟你要，沒關係，都給他。

這樣，你的運氣反而會越來越好。

❤天

你必須要有更寬廣的心，抬頭看看，天是無止盡的。

所以，你要讓你的心是無止盡的寬廣，無止盡的快樂。

你不能夠再把很多的精神集中在小事上面，讓自己難過，然後一難過就難過很久，別人一說你，你就會覺得：「我又沒有這樣子！」然後就一直糾結在「為什麼他會這樣想我？為什麼他會這樣講我？我又沒有那樣！」

把空間放寬一點，天空是很大的，世界這麼大，不要去在乎別人怎麼講。

菩薩告訴你的意思是：你的頭頂上有一片天，不管發生什麼事情，都有菩薩罩著。

❤康

很多事情都有安康、健康的決定。

所以，你的健康是一切的關鍵，你的健康好，心情就好；心情好，就會影響到你的身體。所以一切都要康健。

康，也等於我什麼都是富足的，我什麼都是有的。全部都要去想你擁有的部

分，不要去想你沒有的部分。

健康是最重要的。不管是身體的健康，還是心理的健康。

♥發

在禪心當中，很多事情都必須要發展、要開始、要發芽。

所以，你不能夠再只是靜止不動，要能夠隨時做好準備，要能夠有所發展、發揮，能夠有所發心、發願。

什麼事情都從發開始，也就是從你的起心動念開始。

♥說

在禪心當中，「說」這件事情，代表著說話一定要特別的小心，不要說錯話，不要說太過於衝動或直接的話語，也不要說極端的話（是就是對、錯就是錯）。

若太過於直接或坦白，反而會讓對方覺得受傷。

你要開始學習說話要婉轉，說得動聽，說別人想聽的，而不是直接的。太過於直接或裸露，有時候容易讓別人感覺到受傷。

這個「說」很重要。說，是我們自己的功夫跟功課。

❤金

金代表著錢財是一切的開始，很多事情有錢就會不擔心，沒有錢就開始擔憂。

金是指經濟來源、指財運，財運變成控制你所有想法最主要的關鍵。有了好運，有了財運，一切都好。沒有了財運，生活上就開始愁雲慘霧，擔憂經濟不順、財運不好，擔心工作上、經濟上的問題。

所以金，是要讓你想一想，要怎麼樣才是擁有錢？要怎麼樣才能擁有錢？怎麼樣才能工作順利？這都要看你自己的行動力。

金，也代表著真金不怕火煉，代表著堅持。

遇到任何事情就要像黃金一樣，不受歷練、火焰的影響，還能夠維持自己原來的本質。

因為金經過火的燃燒後，還能維持金的本質。

所以，經過大風大浪後，還是要維持住自己的本質。

♥製

你要去製造很多事情，製造快樂、製造安定、製造學習，不能夠幫別人做太多、分擔太多。你要想辦法去創造一個環境，要讓別人來幫你分擔。這就是你現在要去學習的。

你不能夠將所有的事情都做得好好的，因為太累了。所以，你要懂得學習怎樣去讓這些分量都恰到好處。

還有一點，當人家不安的時候，你就要製造安定給人家。

當別人不快樂的時候，你就要製造快樂給別人。

❤正

什麼都是要往正面方向去想。你可以給別人很大的正面、積極的力量，你要繼續往這個方向去做。

你所做的工作，就是要一直給人家正向、積極的力量，這一點並沒有錯。你正走在正確的道路上，這個路一點都沒有偏離。

菩薩要你學會做選擇，避免成為選擇困難症候群。這些選擇是要自己去做決定的，經過了自己的想法、自己的經驗、自己的行動力所做的選擇。

你必須要去做選擇了，很多事情拖到現在，已經不能夠再逃避了，若你逃避了，到這個時候也該做選擇了，其實，已給你很多時間去思考了，該要面對了，要把很多東西做一個清理。

不該在你心中的，要把它淨化，只留好的在你心裡面。

很多事情該停止了、該止步了，負面的想法也要停止了。

很多事情是你幫別人做了過多的，也該停止了。這是告訴你，該要休息了。

而不是一直不斷的幫別人設想、擔憂，到頭來，反而被別人指責、謾罵，你應該要停止了。做了那麼多，該停止、休息了，要適可而止了。

還有腦袋裡面紛亂的想法，也要停止了。

菩薩希望你像光一樣，光是永遠不會斷的，它永遠會持續發光發熱，給予別人溫暖，給予別人力量，給予別人一些建言來幫助他自己。

菩薩希望未來的你繼續發光發熱，繼續照耀著你自己、照耀著別人。

也許有時候，你會覺得筋疲力竭，但不要忘記這個光是在你自己身上，永遠不會中斷的。

❤光

你必須像光源一樣，一直不斷地照耀著別人，給予別人肯定，給予別人力量。一旦光線照耀充足的時候，其實也會給你滿滿的動力。

光本身是非常辛苦的，因為它要耗盡自己的能量來照耀別人。

所以你在你的生活當中，你不能說苦，你要一直不斷地發揮你自己可以做的事情，一直不斷地去照顧、照耀別人。

當別人需要溫暖的時候，你就要無條件的一直奉獻自己，便會比較辛苦。

菩薩在你心中會一直陪伴著你，給予你很多的動力。

祂希望你更加的堅定，不為所動，知道什麼是對你好的，要好好珍惜。

那麼，會離開你的、不適合你的，你總會有直覺或因發生一件事情，讓你知道：這個人不適合我，或是這個人對我不好，或就這件事情不應該有這樣的發展，我都知道了，就會保護我自己。

不要忘記，佛菩薩一直在你身邊保護著你，因為你是善良的，從來沒有想過要欺負人家、占人家便宜。

你的肚量非常的寬，表示你一直有把菩薩教給你的事情放在心上，這就是最大的資產。

菩薩說，不要害怕別人欺負你，因為你跟別人不一樣，是因為你很善良。

♥多

你什麼都不想多，少少的就好。

不管是朋友、所認識的人也好，環境、關係也好，你不多想。

菩薩希望你手中所掌握的，可以把握在你的手裡，絲毫不要放棄。

也許你當下覺得困境很多、困難重重，但不要忘記，只要你握在手中，只要你緊握，只要你方向是正確的，菩薩一定會助你一臂之力。

手中握著的，是代表真實的。虛華浮誇的，我們不要在意。

真實掌握在手中的，真實看得清對方對我的好，我謹記在心，會好好的把握。

菩薩說你是一個知恩必報的人，從來都覺得別人占你便宜沒有關係，我不要占人家便宜就好，就是因為這樣，為你帶來了很多的福氣。

所以請你緊握這樣的幸福，繼續過生活。

♥計

很多事情都必須要有計畫，不能夠忽然間就做決定，做事不能夠衝動，我在做任何事情之前，要反覆思量、計畫，並需要去執行，不是光想而已，要身體力行，要有行動力去執行它，這個計畫才會變成完美的。

也許人家說的話，你必須照做，沒有關係，這是別人的想法，我們盡量照做、盡量配合，同時也完成我們的使命。不要認為別人在找我們麻煩。

菩薩說，做一個智慧的開啟。

太過善良，有時候會被人欺負，所以要把智慧用在對的地方。

學習察覺自己內心的需求，也要能夠覺察到別人的需要。

能夠給予、付出，是非常棒的一件事情，不再只是專注在自己身上，還要懂得如何給予別人需要的幫助。

❤覺

對於很多事情要有所覺醒、有所領悟。

曾經接受過的、犯過錯的、曾受到的苦，或者被人家欺騙的，這些苦痛要把它記在心裡面，不二過，不要再犯，不要再因為自己的同情而讓別人利用。

所以這個覺，是要察覺你自己，有時候真的心軟了，不要做衝動的事情，想一想你自己也需要幫忙，不要總是覺得他很可憐就幫了他，不要過於心軟。

心軟是需要有智慧來做基礎的。

❤察

察代表著：細細的去思量，細細的去尋察，細細的去察覺。

你要能夠知道什麼對你是好的，什麼對你是不好的。

要能夠經由你的思考、瞭解思緒，經由你的智慧判斷之後，你才能夠知道什麼是有、什麼是無、什麼是對、什麼是錯。

一定要經過細心思量、耐心思考，並沉澱一下。多一些察覺的功夫，幫助自己冷靜下來，覺察自己本身當中要經歷的課題，尤其是在人際關係上。

過

有了過錯，自己要承認；有了過錯，自己要承擔。而且犯了過錯之後，不再二過。

所以，你要記住每一個遭受過的教訓或是遭受過的挫折，要謹記在心，才能夠讓這個過錯變成能夠幫助你的動力。

心

做什麼事情都要有心，只要你有心的事情，一定會成功。

心，是禪心修行重要的事情，就是如何讓心平靜、安定下來。

心當中的感受，才會是幫助你最多、成長最多的事情。

心，對你來說非常重要。要愛護自己的心，要知道自己想什麼，要保護自己心裡的感受。不要只是人家說什麼，你就照著做。

要有自己的想法，要提供自己的意見，不能太過依賴。

維護好自己的心，很重要。

菩薩說，現在最重要的是你的心靈，一旦穩定，遇到任何事情你都不會再害怕了。當心越來越堅定了，就會很清楚的知道，什麼樣的生活是自己想要的。

❤聖

什麼叫做聖潔、神聖？其實在你心裡面，很多事情的想法跟你內心的純潔，都已經超過這一切了。所以，為什麼要去在意別人怎麼樣認知你？

菩薩都一直認為你的心靈是富足的，你所擁有的才可給予別人。

現在所有的領會，才能在別人遇到挫折或傷心難過時，給予他們一些借鏡。

如何能夠幫助到別人？你自己就是一個富有的人，你可以幫助別人關於心靈、生活等很多層面的協助跟建議。

你要成為一個富足的人，你的心靈富有，外表也是充足的，你可以擁有很多東西，你就不會只是在意別人說了你什麼。你越在意別人說什麼，便越妨礙你自己前進的腳步。因為你很在意，你就會放在心裡面了。

❤本

不要忘本，很多事情必須歸在本位上，該做什麼事情就承擔什麼，不能逃避，不能推卻責任。

不忘本，自己知道自己要什麼，自己知道自己是什麼，不用去在意別人怎麼說你。

菩薩希望你的課題是：看見了自己擁有的，不要看見自己沒有的。

你擁有的是很多的愛，這個愛包含了很多的因素，友情、愛情、親情等等。

不要去看自己失去的，因為所得到的東西實在太多了。

我們只看我們擁有的，我們便是一個富足的人。

菩薩說，世界上有很多的珍寶，就如同每一個人給予你的一份禮物一樣，每個人在世上都可以給你一份學習的力量，你都視為珍寶時，你會非常珍惜當下、

活在當下。

當你願意珍惜當下、活在當下的時候，每一個人都可以變成你的貴人。

把每一個人當寶，把你自己當寶，因為每個人的存在都是有他的價值的。

❤值

尋找到自己存在的價值，一點都不要害怕。

善用自己的能力，發揮自己的潛力。

做任何事情，都不需要緊張、擔心、害怕結果不好。

只要你想，你就能夠創造出自己存在的價值！

菩薩請你常常做祈願的動作。只要多做祈願，跟菩薩講講話，你心裡面的願望就會收到祝福，會更為順利。

你越不害怕，很多事情就會越平穩的發展，越能夠順心的去接受，很多事情便會有好的發展、好的結果。

祈願你想要做的事情有好的結果！

菩薩說，從以前，菩薩就一直不斷地給你很多的福氣、很多的照顧。

未來，菩薩一樣會給你很多很多的福氣，只要你相信。

遇到困難時，就恭請菩薩，很多不好的事情自然可以化解。

❤相

很多時候，不要用外相、外表去評論一個人、去論定一件事情，不要只看事情的表象。有的時候，要發自內心，從中去瞭解事情的緣由，才會知道事情的發展經過。外相是會騙人的，最重要的是要從裡面去看，到底是怎麼回事。

這也告訴你，很多時候，要從心去相信心裡面所真正認為的。

很多事情要入到你的心裡面，要入到你的感受當中，你必須要能接受，才能入心。當你不能接受的時候，這件事情就進不了你的心裡面。

所以，在生活當中做任何事情時，都要學習別人給予你不同的建議、不同的

想法、不同的做法。要能夠入到你的心，才能夠有所感受。

很多事情不能光看表面，要能夠真實的去感受別人所要給你的。

♥普

普代表著平凡。擁有平凡、平實的生活，對你來說，就是一種滿足。

有的時候，不一定要求多，也不一定要求好，有就好。

這也是一個減低欲望的開始。什麼事情都想著「需要」跟「想要」的分別。

想要的事情，未必真的需要去做，想想就好。

需要做的事情，就要有執行力，馬上去做。

普代表著平凡的生活，這樣子也能讓你擁有你最想要的。

♥約

所有的約定、約會、約制的當下，都代表著一個意義，就是遵守規則、條件。

所以，這也代表著你是受約制的，譬如說，別人要你怎麼做，你就怎麼做。約定好的事情不容易被改變，要按照著自己的步驟走，就對了。

你有自己的條件、目標與步驟，就按照自己的步驟去做，每一個時間點、每一個步驟都約定好了，就按照順序去走，按照規矩、規則來，不輕易被人打破，也不輕易打破別人的。

路是自己走的，菩薩要你選定自己要走的道路，然後選擇自己要承受的。每一個選擇，都代表著我必須要承受每一個訓練、磨練的過程，只要腳下是堅定的，路途在前方，一定可以看到美麗的世界、美麗的花朵。只要腳步夠堅定！

❤悅

學習如何讓自己喜悅、開心。這個喜悅、開心是從內發出來的，不是為了討好別人而得到的開心快樂。

有時候，你去配合別人，別人得到了開心快樂，但是你未必得到快樂。

現在是要你自己發自內心的快樂起來，而不要再委屈自己去配合別人。

菩薩希望你日日精進，日日都知道自己該做什麼。

但不要忘記，有的時候你給予別人太多，別人就會占你便宜或是欺負你。

你要能夠有智慧去做判斷：有些事情也許我不能做，我就要讓對方去承擔，讓他有成長的機會。而不是幫他做好，妨礙了他的成長。

❤用

你的生活當中，有很多用處、益處是益於別人的，你可以幫助很多需要被幫助的人。

但是不要大材小用，不要看輕自己。

要能夠知道，自己是有能力幫助別人的，你的能力、潛能才會施展開來。

而要怎樣施展出你自己的能力、你自己的潛能？就是要相信自己，要對自己有自信，要能夠相信自己是絕對可以做到的。

❤寬

把心打開，把心量放寬。

很多時候，路跟格局越來越寬廣之後，你會發現，能夠裝進去，能夠接受的，能夠提及的，能夠學習的觀念，會越來越多、越來越寬廣。

❤開

菩薩要你開心，把眼界放開、把心打開。

有的時候，人家對你的關心，你會覺得是一種負擔，事實上，你應該要把這顆心打開，讓別人可以給你一些好的能量，讓別人可以靠近你、關心你。

你不能夠因為害怕受傷害，你就把自己封閉起來。

你不夠開心，是因為你把很多隱晦的力量藏在心裡面，你覺得：「反正我應該要報喜不報憂，因為講出來，別人也不能替我解決，所以我自己來好了！」

壓力一大的情況下，就會越來越糟糕，情緒、失眠、睡不好……各方面問題

都會來。所以無論如何，讓自己開心很重要。可以去做一點會讓自己開心的事情。

♥門

你要打開你的心門，讓很多歡樂的氣息、快樂、幸福的能量可以進來，不要只是封閉著這個門，一定要把心打開。

心門關著，代表我的心沒辦法打開。

我們要想辦法讓這個心走出去，我的心才會開。

所以，我不能夠再悶悶不樂，我不能再把很多事情都憋在心裡面。也許，找朋友訴說；也許，出去走一走，對你的心都會有幫助。

讓你的心外出，短暫離開現在的環境、離開這樣的耳語，或是不去在意，都能夠讓你重生。

♥關

有什麼東西是你自己封閉起來、關起來的？關的另外一面是開，有什麼東西是需要開啟？有什麼東西是需要關上的？不要認為開都是好的。就以瓦斯來說，開可以煮東西，而不關的話，有時候也會有危險。

任何事物，在開跟關之間，都要拿捏好，否則，有時候會弄巧成拙。很多事物的想像，都出現在你的腦海中，出現在你的心裡面。你覺得它可以，它就可以；你覺得它不可以，它就不可以。

菩薩說，當負面能量太多，負面想法太多，一旦發生事情，便會先想到不好的事情。所以，菩薩希望這個幻象必須是好的，不要是不好的。好的，會帶給你滿滿的動力；不好的，會削弱你的運氣。

❤智

人生要有智慧的判斷。很多事情是跟隨著自己的意念而來的，因為需要做這

樣的訓練，便需要有這樣的過程，才能夠引發這樣的智慧產生。

所以，所有的經歷都是為了要開啟智慧。

♥終

什麼事情都要有始有終，做一件事情要用自己的意志力去讓它有完美的結局。哪怕你今天做到一半，都必須要讓它有一個終結，讓它有個完美的收尾，不能夠不負責任。

你對自己的人生也是一樣的，你不能說：「我澈底放棄好了，我不要了。」不能說如此喪氣的話。

遇到任何困難，都必須要讓它有一個完美的結局或你可以接受的結果。

♥出

我要走出來，我要嘗試，我要有冒險精神，我要懂得改變。

因為一旦出了這個框框、這個框架、這個範圍，便會有很多意想不到的收穫。不能只是安於現狀，要勇敢的去嘗試、去冒險，即便是勇敢的面對犯錯，都沒有問題。因為出現、出去，會有很多不同的結果，也會有很美好的變化。

你現在必須要做一些改變，做一些冒險，做一些嘗試，不能夠只是在原地踏步了。你既然已經出了頭，已經開始了，就必須要把所有的過程走完。你需要很多的勇敢，幫助你繼續往前走、往前邁進。

你要勇敢的往前進，勇敢的走出去，勇敢的冒險，勇敢的去嘗試。不能只是待在原地踏步，當你走出去這一步，就要把它走完，做事情不能只做一半。

❤介

很多事情，不要去介入，不要去介紹，不要去介入別人跟別人之間，也不要去排解爭執，別人跟別人之間的爭執，都不關你的事。

也就是說，你現在正在縫隙裡生存著，不知道怎麼樣才是對哪一邊較好。你永遠都在縫隙中找自己的定位，已經生活得很辛苦了，不要再讓自己塞到那個縫隙裡面，去讓自己難受。

他們的問題應該要他們自己去解決，你該做的本分已經足夠了，事實上，應該要他們自己去找尋生存的空間。

你不要再把自己塞到那個縫隙裡面去，你想要為他們好，但最後，人家的那個縫隙可能越來越小，只會把你壓到越來越扁，到時候，你連出來都難了。

要多愛你自己！

菩薩希望你擁有好奇的心理，什麼事情都要好奇，什麼事情都要勇於嘗試。不能因為害怕改變，而在原地踏步不往前進。

好奇心可以引發你很多的意志力、毅力與動力，不能再只是停滯不前。所以，你的生活勢必要做一個改變。

也許這個改變是你並不想要的，但是必須要勇敢的去嘗試。

你會發現，當你勇敢的去嘗試之後，也許世界會變得很不一樣。

也許當你勇敢去嘗試之後，你會發現：原來我的能力不是只有現在這樣而已。

要勤於跟他人分享。

這個分享，當然有一點點是為了磨練你自己的心智。

❤進

菩薩希望你現在要做的事情就是不斷地向前進。這個前進是不能在原地踏步的，必須要做一些改變。

你要前進的力量是只往前走、不回頭，不再回去看過去的傷痛，不再回去看過去的失敗。而是知道，只有前進，你才能看到遠方有什麼，前面有什麼。

所有的腳步都不能停，你現在已經做了改變，就必須要一直往前走，腳步不能停下，也不能後退，就是必須要一直往前進。

一直在前進，一直不斷地在做改變，所以菩薩要告訴你，這個進是不能停的，這個改變是不能停的。

你不能夠一遇到挫折，發現效果好像不是很好，就想著：「那我就不要改好了」，如此，還是會維持現狀。

你已經往前走了，這條路是停不下來了，你不能回頭了。

❤季

每一季都是不同的風景，每一季的變化都是一個變化，也代表著每三個月的你就必須要做一點變化、做一點新的嘗試。尤其是每三個月都會到一個極限，會讓你覺得非常累。

所以你就必須做一個心態上的改變，做一個個性上的改變，做一個對事情看法的改變，這會讓你忽然間覺得，又有重生的力量，又重新開始了。

所以，每三個月就像是對你的人生再一次的考試，這每三個月，就會變成每次都在進步。

菩薩說，你對於現在的自己越來越喜歡的原因，是因為你一直不斷地在做改變，一直不斷地在進步。很好！

❤安

菩薩說，現在安於現狀，安心又安放，代表著我的心能夠放在最安全的位子，所以現在對你來講，一切的狀態都是最好的。

如果你現在接下來要做改變，你也可以安心，因為你知道所做的決定一定是你深思熟慮、想過了，才會去做的決定。

而現在最重要的就是，遇到了困難、挫折，也能夠安心，能夠好好睡覺，而不去擔心它、甚至擔心到整夜失眠。

事情自然都會有它一定的發展，這一點你不用擔心。

你只要能夠安定好自己的心，任何的事情都不會困擾你，也不會打擊到你，一切都會有好的轉變。

活

活出自己的人生，要你快活。

菩薩說，你的人生即將進入很多的喜樂當中，這些喜是指你會報喜不報憂，然後你會營造出快樂的氣息給別人，你會擁有好的想法並帶給別人。

菩薩也說，其他的苦痛都已經過去了，接下來會迎接喜的部分。

而這喜的部分也代表著，你必須開始學會臉上帶著笑容，要學著多愛自己，讓自己快樂的過日子。

只要越快樂，你的福氣就會越好；只要越快樂，你就會越順利。

菩薩說，你以前其實受了很多的委屈，遭遇很多傷心的事情，未來會越來越好的，一切的苦都過去了。

接下來，最重要的一件事情是，權力欲望會操控著你，它會讓你一直不斷地想要得到更多的權力、更多的想法，會去主導很多事情。

記得，主導可以，代表你有能力，但不要主導過了頭。若占據了很多的權力，恐讓你變成小人攻擊的目標。這一點要非常的注意。

權力若行使得當，代表主導能力很好，領導能力很好。

若權力行使過當，就會變成別人攻擊的目標，別人會覺得「你好驕傲！你很自大！你很了不起喔！」工作上，就開始會有負面的耳語出現。

菩薩說，權力掌握在手中，要恰到好處。

♥做

你要一直不斷地去做改變，你這個人就要去做。

你有很多的想法，一直不斷地在腦海裡翻騰，你要用你的執行力去做，而這也代表著改變一定會發生。

你不能夠再只是一直不斷地想，然後不去做，因為不做，對你來說是一個很大的阻礙。只有做了之後，你才會知道你該怎麼前進。

要有行動力！在生活上、工作上都是一樣的，不要光只是想。

要有具體的行動力來執行，你會發現，很多事情就在你想完之後就馬上出現，而在做完之後會有很好的結果出現。

前進的腳步一直不斷地行駛著、走著，你不會停止，不會停下來看，也不會往回頭走。現在的腳步，就是一直不斷地向前進，只能成長，不能後退。在前進的過程中，你會慢慢地看見前方的目標。

看見目標後，能達成目標，你會知道已完成了人生的使命。

很多事情不要強出頭，不要搶著做。退讓一步，有時候可以把整個環境看得更清楚。所以，有時候要懂得退，以退為進的意思，就是有時候我不搶鋒頭，我反而可以把該做的事情默默的做完，我才會真正完成我自己該做的事情。所以，退是好事。

不被注意，不被在乎，不被人家喜歡，都沒有關係。

因為退只是慢慢地退到後面去看見全景，你才能夠知道是非對錯。

此外，退一步想，可以讓自己擁有更多的空間，可以把全貌看得更清楚，也可以有時間進一步去思考。

❤智

現在的你要把情緒的情感、情緒的強烈度抽離掉，什麼事情都要用智慧去做化解，要用智慧去想：「在做這件事情的時候，我需不需要用情緒去衡量？不需要，我就把情緒抽離，用智慧去化解這件事情。」

其實，最重要的目的就是學習：如何遇到事情還能夠平靜？

越平靜，越能夠幫助你思考；越平靜，越沒有困難挫折；越平靜，越不會有人刁難你。

你越生氣便越指責，或是拼命講道理等，講道理也不是智慧。因為有時候，我們會誤以為我們很有智慧，我們要跟對方講道理，可是問題是，在這個當下，別人是不需要講道理，也不能聽道理的。

其實，最重要的事就是平靜、冷靜，不跟他講道理，就只是默默的走開，那才是最好的方法。那時候，才是真正的產生智慧，去瞭解他到底是怎麼了，可以在私底下，自己再去想一想。

在工作上不能有氣，在生活上也不能有氣，如果要有氣的話，也一定是正氣、正面的能量。

所有負面的情緒、負面的憤怒、沮喪，都不能有。

你要想辦法做的是：讓自己的身上灌注很好的氣，就會有很多的動力去做。

所以說，想要換工作或幹嘛，都可以，沒關係，但是要有好的意念、好的想法，才去做這件事情。

❤剛

你覺得自己很剛烈，沒什麼人可以打得倒你。

但是柔卻可以克剛，所以，菩薩希望你在剛強的當下，要學會柔軟，學會向別人求救，學會把自己心裡面的話說出來。

學習有柔弱的或輸的那一面，都沒有關係。甚至於學習承認自己的心靈是脆弱的，是禁不起打擊的，是沒有辦法堅強的，都沒有關係。

太剛，很容易一敲就斷；而柔軟的東西，經常是不管怎麼敲它，它就是不會斷。

❤夠

很多事情都已經夠了，受苦夠了，焦慮夠了，快樂也滿足了，擁有的其實夠了。

很多時候，既然夠了，就要知足，就要內心充滿著感恩，會讓更多美好的情緒、美好的未來、美好的運氣灌入到生命當中來。

所以，你要一直看到你身上已經擁有的部分，不要去看你沒有的部分。

內觀自己的心、自己的需求。也許，有很多事情是你自己很想要去做的，你要瞭解到，這些事情是你想要做的？還是需要做的？

需要做的，我當仁不讓，第一時間我要去完成。

而想要做的，其實可以排序、排時間，可以等待機會。

所以，要內觀、要去瞭解自己真實的需求，不要強迫自己去做難以做到的事情，那會為你帶來痛苦。

❤願

常常發願要做很多事，對於想要做的事情，永遠都不怕困難，真的就是無怨無悔的在做。菩薩希望你的願力要跟你的願心一樣堅強。

心裡面有很多的願望，也許了很多的願望，想要去做很多事情，力量一定要用在這個願望上。

既然許了願，就應該要有力量去前進、去執行，不能光只是想而已，有了願心就要有願力。

❤人

你會發現，很多事情是，成也在人、敗也在人。那麼，要怎麼樣看待人？

你怎麼看待這個人，這個人就會怎麼樣對待你。

你認為這個人是貴人，他就可以幫助你；你認為這個人是小人，他就會害你。所以，要看你用什麼樣的角度去看待這個人。

因此，要改變看人的方式，也許多給別人一點機會，也是給自己一個機會。

人與你之間的關係非常重要，你怎麼看待他，他就怎麼對應你。

不要再去在意人的問題了，很多時候，人是沒有辦法把人的問題處理好的，人的問題就交給菩薩去處理。

要放下你的控制欲。

❤陪

在你的內心深處，其實是需要人陪伴的。

有人陪伴，就會讓你更有力量去做某些事情。

有些事，單單讓你自己做決定時，會覺得害怕，很擔心會承擔不好的後果。若有人陪伴，或有人在心裡陪伴著你、支持著你，對你來說，都是學習選擇的一種成長。

要開始學習自己做決定了。這件事情到底能不能成、能不能好、能不能夠有所轉變，都必須要看你怎麼去看待這件事情的樣貌。

一件事情不能只看其中一個部分，一定要看全貌，而全貌必須要用智慧去做判斷。

當你在看這件事情的時候，要有更多的包容力，去接受很多事情本來就跟你有不同的想法、不同的變化，你都要能夠學習接受。

❤辦

很多事情需要去做、需要去辦。

這也代表著你正馬不停蹄的一件接著一件事情的做，沒有停止。

那怎麼辦？你需要很多的動力，需要很多的精神，需要很多的雞婆。

因為別人需要你，你就要去做，這個也要，那個也要，沒辦法，你停不下來，你就要一直不斷地辦。

很多的辛苦要伴隨著力量，很多的苦力需要去做，那怎麼辦？心甘情願接受。因為你有很多能力，所以會有很多人需要你。

♥分

分分秒秒都必須活在當下，珍惜著它。而每一分每一秒我都絲毫不浪費。也就是說，最基本的時間單位，我很珍惜它，每一分每一秒都會讓我在這個生活當中活得很精彩。

要從你自己為出發點，分享、給予別人。也許我沒有東西可以給你，但我的內在心靈有很多豐富資源與智慧，我可以分享給你，而且我不吝嗇。

你需要我陪伴，我給你；你需要我在身邊支持你，我也給你。

♥行

很多事情都只是觀想，很會講，或者是叫別人去做。

但是，若要求自己去做的時候，很難做到。「行」的重要，是在真正要去做。

有時候，你真的光想不做；你若是肯做，你是很有福氣的，你一定會心想事成。光想沒有用，要用行動力去做。

光想，有時候只是想，很多天馬行空、很多想法都可以想，任何事情都可以想，除了想之外，還要去執行。你有很多的想法可以去做，沒有關係，但是要瞭解什麼方法對你是最好的，你才去做。

想法可以有很多，十個選項可以想出十種不同的方案，可是真正適合你的，可能只有其中一、兩種，因此，就要把它全盤想完之後，再來做決定，不要衝動。

要學習靜下來，靜下來，才知道自己的需求，知道別人的需求，要開始變得敏銳了。敏銳是為了要提高敏感度，並照顧別人。

我已經可以照顧我自己了，我開始要能夠觀察到別人的需求，觀察別人的心，我要懂得開始照顧別人了。

所以菩薩希望你靜下來，提高敏感度，關注更多的人。

❤夢

夢是一種虛幻、不能夠預測的事情，它也是我們編造出來的。有時候，夢是美好、完美的，因為它包含了很多我們想像的空間。

菩薩希望這個夢可以帶給你很多的力量。人家說有夢最美。

你夢到了，這代表是一種力量，有夢代表是一種希望。

你可以照著夢中的藍圖去做、去執行，一切都沒有關係，成不成功是另外一回事，但是它帶給我們很大的希望。

所以你要知道，希望是時時都在你身邊的，你要用力量去完成它。

高

我們居高臨下，有時候，從高處往下看，可以看見很多事情的全貌。

你也可以居高，可以防禦自己，讓自己不受傷害。

有時候，站得高、看得遠，可以保護到自己。

但要記得，高卻不高傲，不是高高在上，而是為了保護自己。

有的時候，遠離人群，是為了要保護你自己。

諒

懂得原諒犯錯的人，懂得包容不完美的人，這就是諒解，這就是體諒，這就是原諒。

當你把諒放到心中的時候，你會發現，自己的心非常的寬廣，不再與人結怨，也不再抱怨他人。

你的心量放寬了之後，很多事情都可以進得來，有智慧的事情或是不夠滿意的事情，在你的心中都能夠得到一個具智慧的答案，你對別人若沒有要求，對自己就能夠採取放鬆的心態去看待別人。

用不同的角度去看待別人的人生，得到的是更多的智慧與成長。

❤上

菩薩要你有向上的力量，不能夠再偷懶了。不能夠再老是想：「要怎麼樣可以不用做、簡單一點、放縱一點、偷懶一點？」

菩薩要你有向上的氣。

菩薩希望你做事時，有更多的勤勞、不偷懶，很多事情就是要去動、要去做。你不做，不會有結果；一定要做，才會看得到結果。

所以不要不敢嘗試，要勇於冒險，勇於去接受不同的變化，也勇於讓自己有改變的權利，你會看見不同的自己，會發現：「我自己去做了之後發現，原來，自己還蠻棒的！」這樣才能看見你的能力。

菩薩要你勤勞、勤奮、努力，不能退縮，不能逃避。

有些事情要你去承擔，要你去做，不能夠說：「我不要！我要交給別人。」

要勤勞、勤奮，才能夠展現你的生命力。

❤負

你需要背負責任，要承擔。現在肩上還有很多的責任都還沒有卸下來，所以，你必須要背著這些責任繼續往前走，不能夠沮喪，不能夠逃避。

這些責任都是你的，就應該要很努力的把它做好。

❤分

你的人生當中要懂得分享，要懂得有所分別。樂於跟別人分享你所有的一切，包含喜怒哀樂。

不要跟別人有所謂的分別心，一視同仁很重要。

一旦有所分別的時候，你對於別人就會產生計較心，別人也會這樣對你。

所以有的時候，不見得要分得那麼清楚，而是要有好的地方而可能可以給別人的。我有東西，我分給你。既然我要給，我就全部一視同仁。

你看見鏡中的自己呈現出什麼樣子，就是別人眼中看見的你。

所以，當你要做一件事情，想要做得好，要讓別人給你讚賞，你就要讓你自己也看見別人的好。你懂得讚賞別人，別人也同樣會回饋在你身上。

所以你給別人什麼球，別人就打回什麼球。

你希望別人給予你肯定，你便要先肯定別人，這是一樣的。

你給別人什麼，別人就會給你什麼，這就是在鏡中看自己。

❤主

你是你自己的主人，自己要掌握自己的想法、自己的生命，不能夠再只是依靠別人來幫你做決定了。

因為過去的你可能太過依賴別人了，很多事情，你不敢承擔責任、不敢做決定，現在你要想辦法讓自己去做決定，而且甚至要幫別人做決定，不能再逃避了。

現在的你，正在經驗著這一切生命的過程。譬如說，你正在經驗著痛苦，正在經驗著做選擇，正在經驗著別離，正在經驗著別人對你的看法。

這些都是學習的過程。雖然過程很痛苦，雖然過程很撕裂傷，甚至於在過程中你受到很大的的傷害，這一切都是學習。

很快就會過去的，只要再忍耐一下下，很快就過去了。

♥神

神在心中。

神明在你的心中，菩薩在你的心中，佛在你心中，你只要安定好自己，知道

這世間，所有的事情都會有一定的安排，你不用害怕，不用擔心，它自有它

的脈絡，自有它的因緣，順著走就好了，也代表著很多事情不要強求。

強求，變成你很痛苦，因為你要一直去盯人家要這樣做，你覺得這對他來說是好的，可是他未必覺得這樣是好的。他就散散的，你何必要管這麼多。

❤悲

不要悲傷，不要難過。你所想的家人都很好，你不要擔心，不要難過，因為一定會安排一個時間見到他的。

很多事情不要悲觀，要開心，要快樂，不要都壓抑在心裡面，。

菩薩希望從現在開始，你要開始懂得尋求自己的快樂，尋求內心的平靜。而這個快樂不是要讓別人看的，而是要真正的面對自己，真的從內心產生的快樂。

先把自己的煩惱放掉，才能放寬心，去做你想做的事情，一段時間後，才能幫你把那個能量恢復到最好的狀態。尋求快樂很重要。

有時候，我們在期待一件事情，這要講求緣分，很多事情都會做好安排。讓

自己自在起來，其實，上天已為我安排了某些緣分。

很多事情，要隨緣、順著緣分走，都會有所安排，工作是這樣，生活、感情也是，順其自然，不要有壓力，反而會得到你想要的結果。

若給自己太多的壓力、太多的規範，反而會適得其反。

在你心中，永遠都是滿滿的信念，以及不會被摧倒的意義、價值，這些都是你自己創造出來的。所有的圓滿都在你的心中。

意念堅持不搖，堅持定力，順緣、順情。

菩薩會給予你更多的慈悲喜捨，更多的智慧與勇氣。

希望你在做任何事情的時候，都能夠不害怕、既勇敢且堅定。

遇到的困難，就當作是菩薩給予你的禮物。無所畏懼，去除掉內心的恐懼，放下擔憂，未來就能夠更加的堅定，擁有心中幸福的力量。

認識自我、心靈成長，從零開始。

分析、了解自我需求，從接納開始。

不放棄，願學習。
不孤單，菩薩在。
學會愛，從言中。
學會勤，從愛起。

❤承

你需要學習承擔更多的責任，承擔更多解決問題的事情跟能力。
很多時候，當你心不甘、情不願時，承受的壓力就會加倍。
當你是心甘情願的時候，承受的壓力就會變小。
所以，勇敢的承擔吧！還包含了承擔別人異樣的眼光。

❤看

你有很多事情用眼睛看，看了之後要進入到你的心裡面，去瞭解到：這件事

情我看到的到底是不是真相？是看見了表面的功夫？還是我眼中看到的意思？我是否曲解了它的意思？是否真的瞭解這件事情的深意？

光看，只是一種吸收、一種感受，其實，光用眼睛看之外，重要的是我的心裡面有沒有這樣的接受力。

當然，這也體會到了，就是要讓自己多看、多學習，累積經驗。

♥眼

多看、多學習。不是光用看的，還要去瞭解、去感受。

菩薩希望你用你的眼睛多看事情，少說話、少批評。別人也在用眼睛看著你，一直想辦法在工作中找你麻煩，所以要小心四方的眼，所做的每一件事都經得起人家的檢討，如此，就不會害怕別人找你的麻煩。

你只要記得：做任何事情的時候，身邊會有無數個眼睛在盯著，我不害怕，因為我做的事情理直氣壯、理所當然。

我必須要開始檢視自己，我把這個檢視放在自己身上，而不是拿去檢視別人。我願意從小細節就開始仔細、小心的去探索與瞭解，有的時候，我不見得只看表面的，我要深入其中，這才叫做檢視。

所以，我願意靜下心來，放下所有的動作，只為了去理解或瞭解一件事情的發生，並且觀察自己的心，這就是一種內在的觀照。

在學習任何事情時，都要有很多的熱誠及熱情，你只需要滿足你自己在學習當中的樂趣。不要把「學」這件事情，當作是一件痛苦的事情，盡量放輕鬆。

❤解

很多時候，要試著去理解別人的做法與想法。當遇到困難的時候，不能夠理所當然、一味的要求別人要幫助你，反而要自己去解決。

這個課題，可能代表在很多時候，長期的過於依賴別人幫你解決問題，現在這個問題的主導權要回到你身上來了。你要自己去理解自己為什麼會這麼做，你

要去理解別人為什麼要這麼處理，然後試著給別人解釋的機會，也試著給你自己
發揮解答問題的能力，不能夠再依賴別人了。

❤愛

從你的身邊，從你自己開始，你是一個點，你要讓你的周圍就像漩渦一樣，
讓愛像漩渦、漣漪一樣，一直不斷地擴散出去。

❤復

是一而再、再而三的，這就是人的貪、人的戀。
一個人的貪、一個人的戀，就會讓很多事情一直不斷地循環。
但是，我們可以把這些不好的循環，全部都集中在好的循環。
很多事情都是一個循環，有了循環，才有動力；有了動力，才有轉動的空間。
要怎麼樣轉動，就看你如何看待自己，如何看待因果對應的關係。

如果你還存在著活力、存在著動力，那麼，沒有理由讓事情不轉動。

如果你還存在著意志、存在著虔誠，沒有事情不會讓它發生。

所以，全部的轉換、轉動、轉變，全都運用你集中的念力，讓它有所改變。

菩薩一直在心上看顧著你，一直在生活當中照顧著你。有任何需求，都可以直接稟報菩薩，菩薩一直都在，會做最有善的安排，以及最有善的循環。

心續已久，渴化之有，望之欲念，深如牽引。

觀心為照，竟見淨見，續心續力，承之承先。

國家圖書館出版品預行編目資料

與菩薩對話. 7, 願 / 黃子容著. -- 初版.
-- 新北市 : 光采文化，2020.06
面 ; 公分. -- (智在心靈 ; 61)
ISBN 978-986-96944-9-0(平裝)
1. 人生哲學 2. 修身
191.9 109006457

智在心靈 061
與菩薩對話7 願

作　　者	黃子容
主　　編	林姿蓉
封面設計	顏鵬峻
美術編輯	陳鶴心
校　　對	黃子容、林姿蓉
出 版 者	光采文化出版事業有限公司
	新北市永和區中正路454巷6-1號1F
	電話：(02) 2926-2352
	傳真：(02) 2940-3257
	http://www.loveclass520.com.tw
法律顧問	鷹騰聯合法律事務所　林鈺雄律師
製版印刷	皇輝彩藝印刷事業有限公司

2020年6月初版

總經銷：大和書報圖書股份有限公司
地　址：新北市新莊區五工五路二號
電　話：(02) 8990-2588
傳　真：(02) 2290-1658

定價 300 元
ISBN 978-986-96944-9-0
Printed in Taiwan

luminosity luminosity luminosity
luminosity luminosity luminosity luminosity
luminosity luminosity luminosity luminosity
luminosity luminosity luminosity luminosity
luminosity luminosity luminosity luminosity
luminosity luminosity luminosity luminosity
luminosity luminosity luminosity luminosity
luminosity luminosity luminosity luminosity